U0527590

[加] 坎贝尔·R.哈维
Campbell R.Harvey

[美] 阿什温·拉马钱德兰
Ashwin Ramachandran

[美] 乔伊·桑托罗
Joey Santoro

著　沈冲 译

DeFi
与
金融的未来

DeFi and the Future of Finance

中信出版集团 | 北京

图书在版编目（CIP）数据

DeFi 与金融的未来 /（加）坎贝尔·R. 哈维,（美）阿什温·拉马钱德兰,（美）乔伊·桑托罗著；沈冲译. -- 北京：中信出版社，2023.2
书名原文：DeFi and the Future of Finance
ISBN 978-7-5217-4562-7

Ⅰ. ①D… Ⅱ. ①坎… ②阿… ③乔… ④沈… Ⅲ. ①金融体系－研究 Ⅳ. ①F830.2

中国版本图书馆 CIP 数据核字 (2022) 第 250978 号

DeFi and the future of finance by Campbell R. Harvey, Ashwin Ramachandran, and Joey Santoro.
ISBN:978-1-119-83601-8
Copyright © 2021 by Campbell R. Harvey, Ashwin Ramachandran, and Joey Santoro.
All rights reserved. Authorized translation from the English language edition published by John Wiley & Sons Limited. No part of this book may be reproduced in any form without the written permission of the original copyright holder, John Wiley & Sons Limited. Copies of this book sold without a Wiley sticker on the cover are unauthorized and illegal.
Simplified Chinese translation copyright © 2023 by CITIC Press Corporation.
All rights reserved.

本书仅限中国大陆地区发行销售

DeFi 与金融的未来

著　者：　　［加］坎贝尔·R. 哈维
　　　　　　［美］阿什温·拉马钱德兰
　　　　　　［美］乔伊·桑托罗
译　者：　　沈冲
出版发行：中信出版集团股份有限公司
　　　　（北京市朝阳区东三环北路 27 号嘉铭中心　邮编 100020）
承印者：　北京诚信伟业印刷有限公司

开本：787mm×1092mm 1/16　　印张：12.25　　字数：110 千字
版次：2023 年 2 月第 1 版　　　　印次：2023 年 2 月第 1 次印刷
京权图字：01-2022-4595　　　　　书号：ISBN 978-7-5217-4562-7
定价：59.00 元

版权所有·侵权必究
如有印刷、装订问题，本公司负责调换。
服务热线：400-600-8099
投稿邮箱：author@citicpub.com

赞誉

和互联网一样，DeFi 将使金融服务更便宜、更快捷、更安全、更个性化……未来等待着人们书写。《DeFi 与金融的未来》一书提供了未来金融图景，你有能力去创造未来。

> 弗雷德·埃尔沙姆（Fred Ehrsam），Paradigm 联合创始人、管理合伙人，Coinbase 交易所联合创始人

对于没接触过 DeFi 的人，通常很难理解和掌握 DeFi。人们想了解这个领域，却很难找到适合初学者的书籍。而《DeFi 与金融的未来》一书清晰、简洁地介绍了当前颇为流行的 DeFi 协议，如借贷、自动化做市商等。值得推荐。

> 斯坦尼·库里肖夫（Stani Kulechov），Aave 创始人兼首席执行官

2021 年最为推荐的分布式金融书籍。

> 巴拉吉·S. 斯里尼瓦桑（Balaji S. Srinivasan），天使投资人、企业家，安德森·霍罗维茨基金（Andreessen Horowitz）前合伙人

《DeFi 与金融的未来》一书既对 DeFi 进行了原理性解释，也深入剖析了 DeFi 流行的项目。阅读这本书，可以让你快速了解 DeFi。

  伊万·博加泰伊（Ivan Bogatyy），以太坊研究员、天使投资人、Metastable Capital 前合伙人

序言

弗雷德·埃尔沙姆（Fred Ehrsam）
Paradigm 联合创始人、管理合伙人
Coinbase 交易所联合创始人

DeFi 是"**分布式金融**"（Decentralized Finance，也称去中心化金融）一词的英文缩写，虽然缩写后变得简短可爱，但 DeFi 这个说法却掩盖了原本想表达的含义——这是一种崭新的金融体系。DeFi 目前仍然处于萌芽期，2021 年，DeFi 的总规模只有百亿美元上下，而传统金融服务体系拥有的资产达到了数百万亿美元。但是，DeFi 的资产规模增长极为迅猛。虽然 DeFi 的崛起之路可能要持续数十年，但我相信，DeFi 最终会成为占据世界支配地位的金融体系。

为什么我会如此肯定？因为 DeFi 是真正的"货币网络"（Internet of Money）。相比之下，互联网是一个全球性的、开放的信息网络。40 年后，人们尝试建立一个类似互联网的全球价值转移网络，这个想法深入人心，这使得 DeFi 成为如今万人瞩目的焦点。

加密技术与以其为基础建立的 DeFi 体系，和之前的技术与体

系截然不同。相比于传统金融体系，DeFi 的独特性在于，它是无须特许、开放进入的，并且具有全球性、组合性、透明性。对于基本的金融业务，人们再也不需要求助于中心化金融机构了。有了 DeFi，你可以成为自己的银行，可以自行通过**区块链**（blockchain）上的代码获取贷款，不需要任何机构的参与。

DeFi 生态系统，目前只建成了一小部分。我们只探索了 DeFi 生态的 1%，或许更少。全世界的开发者圈子蓬勃发展，正在建设未来的金融基石。在我们的加密技术投资公司 Paradigm，我们经常问自己："如果金融业务也有一张周期表，现如今都发现了什么，还有什么没搭建好？"未知领域就是创业者的机会。

和互联网一样，DeFi 将使金融服务更便宜、更快捷、更安全，还能实现量身定制。就像 YouTube，它不仅免费，而且用户在上面创作和观看视频也非常容易，因而它的视频内容也是指数级增长。按照同样的思路，如果 DeFi 可以让任何人以近乎零成本的方式创造和使用任何事物，DeFi 又能为金融产品带来什么改变呢？

未来等待着人们书写。这本书提供了未来金融图景，你有能力去创造未来。

代前言

维塔利克·布特林（Vitalik Buterin）

以太坊联合创始人

  长久以来，DeFi 就是我期待人们在**以太坊（Ethereum，简写为 ETH）**上创建的重要一环。早在 2013—2014 年那段特殊时期，有关用户资产、稳定币、预测市场、去中心化交易所的想法，就萦绕在我和所有有志于创建下一阶段区块链技术人员的脑海中。目前市场上其他平台功能有限，仅限于常见的用户功能，但是以太坊引入了功能多样的可编程特性，可以用基于区块链的合约保存数字资产，并能根据预先定义的规则转移资产，甚至可以支持金融以外的应用。

  以太坊社区开发者闻风而动，将精力投入链上稳定币、预测市场和交易所的工作中，但直到 5 年后，以太坊生态才逐渐成熟。我相信，DeFi 会创建一个全新的、便于使用的、通行全球的金融体系。举个例子，稳定币就是起源于 DeFi 的极具价值的创新。稳定币可以让全世界的任何人在全球各地使用加密货币，人们在使用过程中无须接受中心化机构审查，具有完全的自主性，还可以享有美元般的稳定购买力。而且就算美元不稳定了，稳定币也是稳定的。稳定币可以让人们快速地将资金从一种资产转变为另一种资产，使资产更保值。

为什么 DeFi 如此重要？当我们把焦点从发达国家相对安全的经济泡沫移开，打量其他问题时，情况会更加明显。DeFi 极大地降低了实验成本，创建新应用会更加容易。拥有可验证开源代码的智能合约，能极大地降低对创始团队管理庞大资金的信任门槛。DeFi 还提供了互操作性，能让新应用简单快捷地与其他任何应用协同使用。对于传统金融体系，这是非常大的进步，我认为 DeFi 潜力巨大，其中一些功能仍然被低估了。

在这本书中，作者探讨了 DeFi 给传统金融体系带来的许多进步，还阐释了许多重要的 DeFi 合约的深入性工作，包括稳定币、自动做市商，等等。我向关注以太坊和 DeFi 的人们推荐此书。

译者前言

广袤新世界

2008年夏天，美国次贷危机达到了顶点，而美国政府随后的巨额救市方案，更是让人们愈加质疑"大而不能倒"的众多金融机构。也是在这年的11月，中本聪在《比特币白皮书》中提出了以区块链作为底层技术的分布式账本技术。这种崭新的技术一开始并没有引起热烈反响，人们也没有意识到其中的价值，更有好奇者使用1万枚比特币购买了比萨。10年后，"这笔巨款"价值上亿美元，称得上"史上最贵比萨"了。

彼时的区块链只有支付功能，而智能合约的出现，赋予了区块链编程能力。人们可以在区块链上运行代码、创建数据，并通过智能合约实现交易。这就像以前的手机只能打电话、发短信，后来出现了智能手机，智能手机孕育出各种手机应用。随后，移动互联网对传统互联网发起了一轮再造运动，诞生了许多"新物种"。得益于智能合约，区块链也正在经历类似的"寒武纪"时刻，新名词层出不穷，例如稳定币、去中心化应用、去中心化交易所、数字藏品、NFT、Web3.0、元宇宙，包括这本书所讲的DeFi。人们正在尝试用区块链对世界发起再一轮革新。

人人的金融

从字面上看，金融是"资金的融通"，其本质是为了解决资金在空间和时间上的配置。资金的形式经历了贝壳、硬币、纸币、数字货币的变化，从有形变为无形。但融通的过程却一直被金融机构掌控，鲜有变化。正如这本书作者所说，传统金融体系存在5个顽疾、中心化控制、渠道窄、低效、割裂、不透明。今天，在全球范围内尚有数十亿人不能享受正规的金融服务，他们被排斥在金融系统之外，这成为各国政府在经济和社会治理方面的一项挑战。

为了处理好信用、杠杆、风险三要素，DeFi的方式是将所有工作模块化，并可以快速复制和组合。为了约定用户的权利，产生了权益代币、功能代币、治理代币；为了调整代币供给，定义了铸币协议和销毁协议；利用各种激励协议，一方面鼓励用户参与平台活动，另一方面鼓励守护者管理平台。只要掌握了它们的原理和功能，就能像搭积木一样，用这些协议组合为新产品。这本书第六章介绍了许多这样的金融产品，有的用于借贷，有的用于衍生品，组合非常巧妙。

传统金融体系是少数人的游戏，但得益于以太坊的开源性，开发者可以利用许多现成的资源，打造自己的DeFi平台。平台的使用门槛大大降低，普通人甚至可以使用闪电贷款这样的业务，短期内获得大量贷款。

理想与现实

区块链恰如开辟了一条新航道，但这片蓝海却暗藏礁石。就在翻译本书的同时，曾经被称为"币圈茅台"的 LUNA 加密币突然崩盘，暴跌 99% 以上。震波殃及许多其他数字货币，各种数字货币的价值蒸发约 4000 亿美元。连锁反应尚未结束，受风险资产崩盘的影响，加密借贷巨头 Celsius 的业务直面暴击，宣布冻结提款，有传言称其濒临破产。随后，"币圈百亿巨头"加密对冲基金三箭资本被曝出售加密资产以偿还债务。

LUNA 是一种算法稳定币，采用类似于"跷跷板"的机制与美元锚定。但其机制设计中存在致命缺陷，被黑客所利用。这本书中对算法稳定币做了介绍。算法稳定币是 DeFi 世界中的重要一环，它的出现是为了降低加密资产的波动性，方便兑换链外资产。

这并不是 DeFi 世界第一次爆雷。因为 DeFi 底层的智能合约是由人来编写的，人为过程很容易出现纰漏。因为 DeFi 中的交易方都是真实的个体，即使经过专业区块链安全公司的代码审计，平台也面临着非常高的治理风险。这些风险都和平台自身有关，此外，DeFi 也面临着外部风险，比如环境风险和监管风险。摩尔定律预言了算力的指数型增长，正是因为算力的增长才促成了工作量证明共识机制，从而有了第一代区块链。但这种共识机制耗费了大量能源，因此近年来我国陆续关闭了中西部几乎所有的"矿场"。西部空闲的算力和东部的数据需求，又结合为"东数西算"工程，这就是题外话了。

  DeFi世界像一张拼图，各个角落的人正在尝试完成这张拼图。填补每一块拼图的收益将是巨大的。如果想参与这场去中心化"游戏"，最好有一本攻略指南。这本书简短精练，正是各位"玩家"需要的指南，希望大家能有所收获。

| 目录 |

第一章　绪论　/　1

　　传统金融体系的5个问题　/　4

　　影响　/　7

第二章　DeFi 的起源　/　9

　　金融简史　/　11

　　金融科技　/　13

　　比特币和加密货币　/　14

　　以太坊和 DeFi　/　18

第三章　DeFi 的基石　/　21

　　区块链　/　23

　　加密货币　/　25

　　智能合约平台　/　26

　　预言机　/　28

　　稳定币　/　29

去中心化应用程序　/　31

第四章　DeFi 的基本功能　/　33

交易　/　35

同质化代币　/　37

非同质化代币　/　41

托管　/　43

调整供给　/　44

激励　/　50

互换　/　53

抵押贷款　/　57

闪电（无抵押）贷款　/　59

第五章　DeFi 解决的问题　/　61

低效　/　63

渠道窄　/　65

不透明　/　67

中心化控制　/　69

割裂　/　70

第六章　深入理解 DeFi　/　73

信用/借贷　/　75

去中心化交易所　/　95

　　　　衍生品　　/　102

　　　　代币化　　/　116

第七章　DeFi 面临的风险　/　121

　　　　智能合约风险　/　124

　　　　治理风险　/　127

　　　　预言机风险　/　129

　　　　扩容风险　/　130

　　　　去中心化交易所风险　/　133

　　　　保管风险　/　135

　　　　环境风险　/　137

　　　　监管风险　/　138

结语　谁输谁赢　/　141

术语表　/　147

注释　/　163

参考文献　/　177

致谢　/　179

第一章
绪论

世人正好兜了一圈。市场交易最初的形式是点对点，或者称为**以物易物**（barter）。[1] 以物易物的交易是非常低效的，因为供给和需求必须完全匹配，交易才能进行。为了解决匹配问题，人们引入货币作为交易中介和存储中介。早期的货币类型不是中心化的。人们在交易中接受任意协商数量的石头或贝壳，就可以换取商品。后来，出现了专门的**硬币**（specie），货币具有了有形价值。如今，我们使用的是无抵押的中央银行**法定货币**（fiat currency）。货币形态随着时间流转不断变化，但金融机构的运行架构却没有随着时代演进。

　　然而，我们现行的金融体系正在经历前所未有的剧变。DeFi 正在尝试创建和组合开源的金融基础模块，搭建更为复杂的金融产品，它能使交易更顺畅，并使用区块链技术向用户传递最大价值。无论是拥有 100 美元的用户，还是有 1 亿美元的用户，都不必再支付服务费。带来巨大变革的 DeFi，未来势必会取代现有各种中心化金融机构。这是一项不设门槛的技术，任何人只要支付一定费用，就可以从 DeFi 的创新中受益。

DeFi 本质上是一个充满竞争的分布式金融应用市场，这些应用可以提供金融的基础功能，比如交易、存储、贷款和代币化。这些应用享受了组合与重新组合 DeFi 产品的网络效应，并从传统金融体系吸引越来越多的市场份额。

本书讨论了 DeFi 解决的问题：中心化控制、渠道窄、低效、割裂、不透明。同时介绍了目前正在迅速发展的 DeFi 技术生态，并畅想了 DeFi 的未来图景。接下来，让我们从传统金融体系的问题展开。

传统金融体系的 5 个问题

数个世纪以来，人们都是生活在中心化金融的世界中。中央银行掌控货币供应，绝大多数的金融交易通过中介完成。人们通过传统银行机构进行借款和贷款。但是在过去几年中，另一套截然不同的模型取得了巨大的进展，这个模型就是 DeFi。在这个体系下，交易者之间通过一个共同的账本进行记账，这个账本不受任何中心化的机构控制。DeFi 解决了以下 5 个传统金融体系的顽疾：中心化控制、渠道窄、低效、割裂、不透明。

1. 中心化控制。中心化可以分为许多层。大多数消费者和公司只是和当地的一家银行打交道，这家银行控制着利率和手续费。换家银行虽然是可行的，但是要付出代价。另外，美国的银行系统是高度集中化的，最大的 4 家银行控制着 44% 体量的抵押存款，而这一数值在 1984 年只有 15%。[2] 有趣的是，其他国家的银行系统比美国的集中度更高，比如英国和加拿大。在中心化的银行体系中，各层级形成了一个统一的实体，试图设定短期利率并影响通货膨胀率。

    中心化不仅限于金融领域，科技领域也存在同样的现象。亚马逊、脸书、谷歌 3 家公司分别控制着电子商务、数字广告和网络搜索，是各自领域中的绝对霸主。

2. 渠道窄。时至今日，世界上仍然有 17 亿人从没使用过银行服务，这些人很难从银行获得贷款，也很难在互联网商业世界中生存。另外，许多消费者必须求助于发薪日贷款（payday lending），以弥补流动性短缺。而且即便接触了银行，也不能保证获得贷款。这种例子不胜枚举，对于小公司的贷款，大多数银行会因为数额小而不想多此一举。相反，银行会建议使用信用卡贷款，这种贷款的借贷利率可能达到年化利率 20% 以上。融资门槛如此之高，许多项目想获得贷款是非常困难的。

3. 低效。传统金融体系的低效弊端不胜枚举，也许最令人震惊的例子是信用卡汇率。由于网络支付寡头的定价权，每刷一次信用卡，消费者和小型企业就会损失交易额的3%。汇款手续费为总金额的5%~7%。为了处理股票交易（专业术语是所有权转让），还要花费长达两天的时间。在互联网时代，这简直太不合理了。其他低效之处包括，资金划拨费用高且速度慢、需要支付直接和间接的中介费、缺乏安全性、无法进行微交易，以及用户未曾料到的许多不便之处。在现行银行体系下，抵押利率非常低而贷款利率非常高，这是因为银行必须从交易中赚取费用才能维持自身运转。类似地，保险行业的低效也有目共睹。

4. 割裂。消费者和企业是在一个缺乏相互关联的背景下，同金融机构打交道的。众所周知，美国的金融体系是孤岛式的，整个金融体系被设计成必须维持高额的转移成本。将资金从一家银行转移到另一家，不仅耗时长，程序也非常复杂。例如，一次电汇需要3天时间才能完成。

   为了缓解传统金融体系的这个问题，维萨公司（Visa）在2019年尝试收购普莱德公司（Plaid），[3] 普莱德公司的产品，只要经过用户同意，就可以允许任何公司接入银行机构信息库。尽管这一战略行动能给维萨公司争取一点时间，但并不能解决目前金融体系的根本问题。

5. 不透明。传统金融体系是不透明的。客户对银行的金融健康情况所知甚少，必须依赖像联邦存款保险公司（FDIC）这样的政府性保护——而保护力度也是有限的。另外，客户也很难知道银行提供的贷款利率是否有竞争性。尽管保险业通过金融科技可以找到最低利率，借贷市场却是非常碎片化的，具有竞争力的出借方也受到了低效系统的制约。就算是最低的价格，仍然受制于机构运行成本和庞大的后勤成本。

影响

上述5个问题造成的影响是双重的。一方面，这些问题带来的成本致使经济增长缓慢。例如，如果是因为银行固有成本导致贷款利率居高不下，优质的投资项目可能就会流产。因为贷款费用太高，项目方无法承担。创业者的商业计划可能只有20%的回报率，但这个商业计划也许就能带来经济增长。但如果银行告诉创业者，贷款利率是24%，那这个创业计划也许就永远无法付诸实践了。

另一方面，这些问题固化了资源流动，并使不平等现象更加恶化。无论任何政治派别，大多数人都认同机会是均等的。一个项目是否能获取金融支持，关键是项目商业计划的好坏和执行计划是否具有合理性，而不是其他因素。重点是，如果好项目没有得到资助，不平等就限制了增长。尽管美国被称为充满机会的国家，这里的贫富差距却非常大，资金很难在最富和最穷的美国人之间流动。[4]由于当前的银行系统渠道窄，人们大都依赖成本高昂的资金筹措手段（比如美国的发薪日贷款），而且无法在电子商务世界自由买卖金融产品，机会的不平等情况愈加严重。

这些影响是深远的，就算大而化小，对于传统金融体系，这都是一长串的严重问题。当前的金融体系无法完全适应人们身处其中的数字时代。DeFi 提供了崭新的机会。虽然这是一项新颖的技术，但它带来的好处却可以是翻天覆地的。

本书的内容包括以下几个部分：第一，指出当前金融体系的弊端，讨论早期一些试图挑战传统金融模型的尝试；第二，探索 DeFi 的起源；第三，讨论 DeFi 的关键组成部分——区块链技术；第四，详细列举 DeFi 提供的解决方案，并对一些前沿技术进行深入探讨；第五，分析可能存在的风险因素，并通过展望未来得出结论，分析谁能从这场革新中获益。

第二章
DeFi的起源

金融简史

如今的金融体系即便被低效问题所困扰，和以前相比，也已经进步很多了。以前的市场交易形式是以物易物，交易双方必须完全匹配才能达成交易。出于这个原因，一些村庄发明了非正式的信用系统，人们对交易商品进行心理记账。[1]

现代铸币的产生要晚得多。铸币诞生于公元前 600 年的吕底亚王国（Lydia），具备了如今货币的功能，既是度量单位，也是交易中介和价值存储的工具。货币的重要特性包括耐用性、便携性、可分割性、均一性、供应有限性、可接受性和稳定性。诞生于中国的银票，在 13 世纪传入欧洲。

西联汇款公司（Western Union）在 1871 年发明了虚拟化的资金转账方式。图 2.1 展示了一张早期的 300 美元汇款单。这笔汇款的手续费是9.34美元，大概占到总金额的3%。过去了150年，手续费却几乎没什么变化！转账通常更贵一些，信用卡手续费是3%。

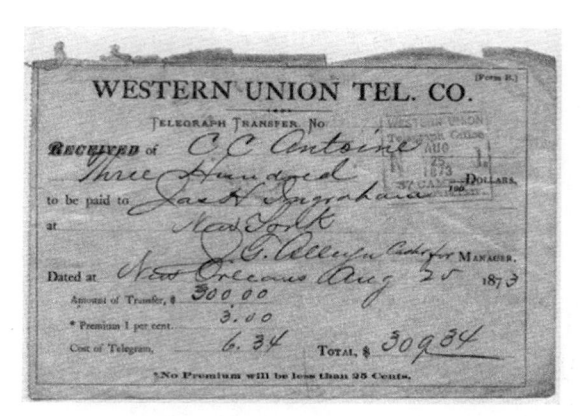

图2.1 一张1873年的西联汇款公司汇款单
资料来源：西联汇款公司。

金融体系在过去的75年经历了许多变革。大来信用证国际有限公司（Diners Club，即大来卡）在1950年发明了信用卡，巴克莱银行（Barclays Bank）在1967年发明了自动柜员机（ATM），苏格兰银行（Bank of Scotland）在1983年发明了电话银行，斯坦福联邦信贷联盟（Stanford Federal Credit Union）在1994年发明了网络银行，美孚快易通（Mobil Speedpass）在1997年发明了射频识别（RFID）支付，万事达卡（Mastercard）在2005年发明了芯片式信用卡，苹果公司（Apple）在2014年发明了使用移动支付功能的苹果支付。

但是，所有这些发明都是建立在中心化金融体系之上的。虽然有一些技术进步，但是在过去的 150 年，整个银行系统却鲜有变化。也就是说，数字化改造仍然是为传统金融体系服务的。这种一成不变的体系导致成本居高不下，这激发了**金融科技（Fin-Tech）**的诞生。

金融科技

当成本居高不下时，创新就会在低效率的土壤中应运而生。但是，强大的阻力减缓了创新的进步。DeFi 的早期尝试萌生自 20 年前的外汇市场。那时候，大型公司利用其投资银行管理外汇需求。例如，一家美国公司可能 9 月底需要 5 000 万欧元，用于支付从德国购买的商品。这家公司的银行会提前为这笔交易进行汇率报价。同时，银行的一位客户可能会在 9 月底卖出 5 000 万欧元。银行就会开出一个不同的汇率。两个不同汇率的差价被称为利差，这就是银行作为中介得到的收益。鉴于外汇市场数万亿美元的规模，这成为银行重要的利润来源之一。

在 2001 年，一家金融科技初创公司萌生了如下想法。[2]想要融资的公司为了得到最低的利率，需要挨家咨询各个银行，这么做耗时耗力。如果搭建一个电子匹配系统，让买家和卖家直接交易，就可以使双方以零利差的价格实现交易。事实上，银行可以向自己的客户提供这项服务，只要收取一点费用即可。另外，因为有些客户同多家银行进行交易，所有参与点对点网络的银行客户都将有可能被连接起来。

不难想象，反馈是消极的。银行可能会说："你的意思是建议我投资建设一个电子系统，来蚕食我自己的业务，然后让我除去一个非常重要的利润点？！"其实，银行业早在20年前就很清楚，大客户对通行的银行体系是非常不满的。随着全球化的不断发展，大客户面临着不必要的外汇交易成本。

一个更早的例子是股票暗池交易（dark pool）。1979年，美国证券交易委员会（SEC）颁布了19c3条款，该条款允许纽约证券交易所（NYSE）的股票在场外进行交易。许多大机构将大宗交易都转移到暗池中，这是因为在暗池的点对点交易，比传统的交易所交易成本低得多。

高昂的交易成本促成了许多金融科技创新。1998年成立的贝宝（PayPal），[3]是支付领域的先驱。2017年，美国7家最大的银行成立了自己的支付系统数字转账平台Zelle。[4]这些金融科技创新降低了交易成本，但是它们最重要的共同点是，这些创新仍然是构建在中心化金融体系之上的。

比特币和加密货币

起始于20世纪80年代的数十种数字货币尝试都失败了。[5]但是，随着2008年中本聪著名的《比特币白皮书》[6]的发表，一切都改观了。这份白皮书中展示了一个点对点交易的去中心化系统，使用区块链作为底层技术。区块链技术是1991年由斯图尔特·哈珀（Stuart Haber）和斯科特·斯托内塔（Scott Stornetta）发明的，[7]一开始只是作为时间戳系统，用于跟踪文件的不同版本。比特币的重要创新是将区块链（即时间戳）与**工作量证明（Proof of Work，简写为 PoW）**的共识机制结合起来。工作量证明共识机制是亚当·巴克（Adam Back）[8]在2002年发明的。区块链技术缔造了一份不可修改的账本，解决了一个数字资产的重要问题，人们可以使用复制的数字货币重复消费。区块链具备的功能满足了价值存储的需求，这些功能从未同时出现在单一资产中。区块链满足了加密稀缺性（比特币的总供应量只有2 100万个），没有监管阻力，用户具有自主性（除了用户自身，任何其他实体都不能使用），同时具备可移植性（支付少量费用，就能转移任意数量）。区块链将所有这些特点融于一身，使加密货币成为一项重要的发明。

比特币的价值主张非常重要，如果和其他金融资产进行比较，就更好理解了。以美元为例，在1971年金本位被废弃之前，美元是以黄金作为支撑的。现在，美元需求来自税收、购买以美元计价的商品、偿还美元债务。这些需求的萎缩和扩张会影响美元的价格。另外，在一定的需求水平下，美元供给的冲击也会影响其价格。美联储可以通过货币政策调节美元的供给，以实现金融或政治目的。随着时间推移，通货膨胀会蚕食美元的价值，降低其价值储藏能力。人们可能会担心失控的通胀，保罗·都铎·琼斯

（Paul Tudor Jones）称其为货币大通胀，这会导致向抵抗通胀资产的大转移。[9]黄金被证明是一种成功的对冲通胀资产，因为黄金供应有限，用途明确，并具有全球的可信赖度。然而，考虑到黄金价格的波动性，它的抗通胀能力只有在非常长的时间跨度下才是显著的。[10]

许多人认为比特币不具备有形价值，因此是没有价值的。还是以黄金作为对比，黄金具备有形价值，大约 2/3 的黄金用于制作珠宝首饰，还有一些用于高科技装备。美元作为法定货币，具有法币价值。然而，历史上存在许多货币，它们背后都没有价值支撑。

一个相对较近的例子是伊拉克第纳尔。第纳尔是 1990 年第一次海湾战争之前，伊拉克使用的货币。因为纸币的印刷版是在瑞士制造的，所以也称作伊拉克瑞士第纳尔。印刷制造是伊拉克外包给英国完成的。1991 年伊拉克南北分裂，库尔德人控制了北部，萨达姆·侯赛因控制了南部。因为受到制裁，伊拉克无法从英国进口第纳尔，只好在本地印刷纸币。伊拉克中央银行在 1993 年 5 月宣布，市民有 3 周时间将旧第纳尔兑换为新第纳尔，兑换比率是 25 旧第纳尔兑换 1 新第纳尔（如图 2.2 所示），旧第纳尔 3 周后作废。

然而，伊拉克北部仍然使用旧第纳尔。在伊拉克南部，新第纳尔经历了严重的通货膨胀。最终，300 新第纳尔才能兑换 1 旧第纳尔。我们看到，虽然没有任何官方背书，旧第纳尔却运行得很好，仍然被人们当作货币，它没有任何有形价值，却具有货币价

图 2.2　伊拉克旧第纳尔（左）和新第纳尔（右）
资料来源：伊拉克中央银行。

值。由此可以得出结论，价值与有形和无形没有关系。

前文介绍过比特币的特点，特别是稀缺性和自主性，使比特币成为一种潜在的价值存储手段，并且可以对冲政治动荡和经济萧条，不受全球任何政府影响。随着比特币网络扩张，它的价值只受信任和流动性影响。尽管比特币一开始只是作为点对点货币，它的通货紧缩特性和手续费阻碍了小型交易，我们仍然认为，比特币是加密货币的首选。依赖加密货币网络，各种加密货币具有广泛的使用场景。比特币自身仍将作为重要的价值储藏手段和对冲长周期通胀的资产。[11]

政府和中央银行等中心化机构控制了传统金融体系，加密货币的崛起为我们提供了另一个选择。加密货币受到青睐，其主要原因是，人们想用稳定且开源的算法，取代低效又孤立的金融体系。通过底层区块链技术，这些加密货币可以调节其通货膨胀机制和共识机制，可以完成不同的价值主张。我们会在后面的章节更加深入讨论区块链和加密货币技术，现在先重点关注和 DeFi 相关的加密货币。

第二章　DeFi 的起源　　17

以太坊和 DeFi

以太币（ETH）是目前市值第二大的加密货币（市值 2 600 亿美元）。维塔利克·布特林在 2014 年公开了以太坊的想法，并在 2015 年完成了以太坊的创世区块。在某种程度上，以太坊是比特币应用的逻辑拓展。这是因为以太坊支持**智能合约（smart contract）**，后者是区块链上的代码，不仅可以控制资产和数据，还可以定义资产、数据和网络参与者的交互。由于智能合约的存在，以太坊成为智能合约平台。

以太坊和其他智能合约平台促进了**去中心化应用程序（Decentralized Application，简写为 dApp）**的诞生。这些应用使用可互用且透明的智能合约写成，只要区块链还存在，智能合约就不会发生变化。dApp 可以让参与者直接沟通，无须公司作为应用交互的结算中心。dApp 发展非常迅速，第一批"杀手级"dApp 就是在金融领域。

向金融 dApp 的演进变成了 DeFi 运动，DeFi 的目标是将开源的金融工具组合起来，搭建成更为复杂的产品，体验更为顺畅，给用户带来最大化的价值。从整体上看，无论用户是有 100 美元还是 1 亿美元，消费成本并没有增加。DeFi 支持者认为，所有金融基础设施都应该替换为智能合约，进而可以为更多的人提供更多价值。任何人只要付一点钱，就能从 DeFi 创新中受益。我们会在第三章更加深入地讨论智能合约平台和 dApp。

DeFi 本质上是金融 dApp 的竞争市场，这些 dApp 分别扮演着不同的金融角色，比如交易所、出借方和代币化。组合和重组 DeFi 产品能促使交易网络不断扩大，从而吸引更多的人参与 DeFi 网络，传统金融体系逐渐萎缩的同时，DeFi 网络从而变得更广，这就形成了飞轮效应。本书的目标，就是从宏观视角阐释 DeFi 解决的问题，罗列当前快速发展的 DeFi 技术，开启充满机会的未来。

第三章

DeFi的基石

DeFi 不是凭空而来的，它的出现基于以下一系列技术创新。

区块链

具有去中心化特性的区块链技术，是彻底弄明白 DeFi 的关键。从本质上讲，区块链是一套能让多个参与方无须彼此信任，仅仅依靠共享的设定和数据，就能进行协作的软件协议。共享的数据可以是任何能想到的东西，比如商品在供应链中所处的位置和最终目的地，也可以是代币的账户金额。随着时间推移，所有数据发生更新，所有更新内容被打包成"区块"，并以加密方式"链接"起来，就得到了一条包含所有数据的"区块链"。区块成链之后，还可以对历史区块进行审查。区块链的名字由此而来。

区块链的问世，**共识协议**（consensus protocol）功不可没。共识协议是一套让各方参与者达成一致的游戏规则，能让参与者在众多的候选区块中挑出可以融入区块链的区块。经过精心设计，共识协议可以在一定的安全范围内抵抗恶意篡改。在区块链使用的共识协议中，工作量证明最具代表性。工作量证明需要大量运算和能源，才能挑选出幸运区块，就像彩票开奖一样。众人一致认同最长的区块链才是正当有效的。如果攻击者想创造一条更长且包含恶意交易的链，必须超过网络中其他所有人的计算量之和。理论上，恶意攻击者拥有过半的网络算力，也称哈希率，就能做到篡改区块链。因此，著名的51%攻击就是工作量证明的安全边界，一旦恶意攻击者的算力越过全网算力的51%，区块链就会面临危险。幸运的是，对于任何人，乃至整个国家，想要在比特币或以太坊这样用户众多的区块链上，独占如此高的算力，都是极其困难的。而且就算短暂获得了过半网络算力，维持算力控制权时间不够长的话，也修改不了多少历史区块，这样就制约了恶意篡改。

只要攻击者没有掌控绝大多数网络算力，区块链上的交易就能控制在善意一方的手中，"胜出"的区块就能被追加到正当的区块链账本中了。

除了工作量证明，还有许多其他共识协议，其中不得不提的是**权益证明**（Proof of Stake，简写为 PoS）。在权益证明中，验证者要成为候选提议者，需要上交一定金额的加密货币作为保证金，用于证实某个区块是有效的，同时也作为他的权益。然后，系统会随机挑选出一位验证者来提议一个区块。权益越高，越容易被系统选为提议者。这个区块得到多数验证者证实之后，才能将其追加到区块链中。验证者获得收益的方式很简单，要么通过提议区块，要么通过证实他人提议的区块是否有效。权益证明使用的算力比工作量证明低得多，消耗的能源也远远少于后者。

加密货币

区块链技术在许多领域得到了施展，应用最广泛的是**加密货币**（cryptocurrency）。这是一种经过加密保护和传输的代币，数量通常不是很多。稀缺性使代币可能存在价值，这是区块链的一大创新。通常，数字对象是很容易复制的，而越容易复制，其价值越低。正如谷歌前首席执行官埃里克·施密特（Eric Schmidt）所说，[1]"比特币是一项成就非凡的密码学成果，它能在数字世界中创造不可复制的事物，这项能力具有巨大的价值"。

因为**非对称密钥加密算法**（asymmetric key cryptography）保护着账户，如果没有相应账户的所有权，虚假交易就无法进行。有一个代表账户**地址**（address）的"公钥"，用于接收代币。同时，还有一个"私钥"，用于解锁和消费个人拥有的代币。同样原理的加密技术也保护着信用卡上的信息和数据。因为区块链账本时刻对账户进行审查，不会结算存在问题的交易，使用代币进行**"双花"**（double spend，也称双重支付）是绝对不会发生的。

不经过权威的中心机构就能阻止"双花",体现出区块链技术维护底层账本的巨大优势。

比特币区块链是出现最早的加密货币模型,它几乎完全是一个支付网络,没有任何中介和审核,就能在全球范围内实时存储和交易比特币。这个无与伦比的功能,赋予比特币巨大的价值。尽管比特币网络已经非常强大,但技术日新月异,加密货币领域的竞争对手提供了更为丰富的功能。

智能合约平台

智能合约平台是构成 DeFi 必不可少的一环,它超越了以比特币为代表的纯粹支付网络,赋予区块链可编程功能。以太坊就是很好的例子。智能合约是运行在区块链上的代码,可以创建或交换任意的数据或代币。它的强大之处在于,智能合约能让用户安心地对任意类型的交易进行编码,甚至使用特定的功能创造稀有资产。许多传统商业条款都可以转换为智能合约,不仅可以逐一列举条款,还能用算法强制执行条款。智能合约的活跃领域不仅限于金融,还能在游戏、数据管理和供应链领域一展身手。

以太坊对每笔交易收取一定的**交易费(gas)**——这就像驾驶汽车需要燃烧汽油,而给车加油是要花钱的。我们可以将以太坊想象成一台有着许多智能合约应用的庞大计算机。如果人们想操作这台计算机,就必须为计算过程中使用的每个功能支付费用。

像发送 ETH 这样的简单计算，只需更新若干账户金额，计算量很小，因此只要支付相对较少的交易费。而像包含铸币和检查多个合约中繁多条件的复杂计算，消耗的计算量更大，因此交易费更高。但是，收取交易费可能会导致用户体验不佳。因为要支付交易费，就必须维持一定的 ETH 账户余额，用户还要担心是多付还是少付了费用，或者担心交易完全没有发生。因此，取消用户交易费的行动正在推进中。此外，已经有区块链彻底取消了交易费。

然而，交易费是遏制代码无限循环（代码死循环）的系统攻击的主要机制。如果代码没有运行起来，就很难识别恶意代码，这在计算机科学中被称为**停机问题**（halting problem）。这就像一辆处于自动驾驶模式的汽车，正在路上全速飞驰，油门卡住了，车上却没有司机阻止灾难的发生。而交易费可以起到制约作用，当油箱见底时，车自然就停下来了。同样的道理，交易费可以使代码无限循环攻击的成本非常高，从而确保以太坊区块链的安全。另外，交易费可以鼓励人们编写出更加高效的智能合约，因为使用资源更少、用户失败率更低的智能合约，其在合约市场的使用率和成功率就越高。

开发者原本想将各种应用融合到智能合约平台上，但新场景不断涌现，超出了开发者原本的计划，所以采用标准接口来对接不同类型的功能。在以太坊中，这些标准被称为以太坊征求意见（Ethereum Request for Comments，简写为 ERC）。ERC 中最有名的是 **ERC-20** 同质化代币标准，它定义了具有相似特性的不同类型的代币，还定义了组件功能和功能相同的代币接口，[2]包括交易功能和允许运营者使用一定比例的用户资金。另一条重要的是 ERC-721 非同质化代币（Non-Fungible Token，简写为 NFT）标准，这种代币是独一无二的，通常用于收藏品和金融资产，比如点对点借贷。这些标准的好处是，应用开发者只需开发一个接口，就能支持各种符合要求的代币。我们将在后文更加详细地讨论这些接口。

预言机

对于区块链合约，一个有趣的问题是合约和账本之外的世界是隔离的。也就是说，以太坊区块链只知道以太坊区块链上发生了什么，对区块链之外发生了什么则一无所知。举个例子，标普 500 指数是多少，哪支队伍夺得了超级碗，以太坊都不知道。这个缺点制约了以太坊自身的合约和代币的应用，限制了智能合约平台的功能，这被称为**预言机**（oracle）问题。在智能合约平台的开发过程中，预言机是能播报区块链外部信息的数据源。我们如何创造一台能自动转发链外信息且可以信任的预言机呢？许多应用都需要预言机，而预言机的实现或多或少带有中心化的特性。

在不同的 DeFi 应用中，有多种预言机的实现。常见手段之一是拥有一个属于应用自身的预言机，或者绑定一个可信任平台的预言机。Chainlink[3]是一个基于以太坊的平台，它就是通过聚合数据源，来解决预言机问题的。Chainlink 白皮书[4]提出了一个基于信誉的系统。后文会深入讨论预言机。预言机是一个开放性设计问题，DeFi 如果想将功能延伸到区块链之外，就必须考虑预言机问题。

稳定币

许多加密货币有个共通的严重问题，就是其价格波动性太强。这使得想使用 DeFi，但无法承受 ETH 价格波动的用户很难上手。为了解决这个问题，出现了一批被称为**稳定币（stablecoin）**的加密货币。稳定币的价格可以和美元或黄金锚定，可以维持价格稳定，这样就便于用户参与 DeFi 应用了。许多波动性较强的加密资产，都可以用稳定币来替代。稳定币还可以作为链上资产，用于和链外资产进行兑换，比如黄金、股票、交易型开放式指数基金（ETF）。因为机制不同，稳定币维持其挂钩标的的机制也不同。目前有 3 种主要的机制，法币抵押、加密货币抵押和无抵押。

目前，市值最大的稳定币是法币抵押型稳定币。这些稳定币的背书，是通过储备链外标的资产。通常，由一家外部实体或团队监管抵押资产，监管方通过常规审计，以确认抵押品的存在。规模最大的法币抵押型稳定币是泰达币[5]（USDT），市值达到 620 亿美元。在所有加密货币中，泰达币的市值仅次于比特币和以太坊，位列第三。泰达币也是所有加密货币中交易额最大的，但是泰达币从来没有接受过审计。[6] 规模第二大的稳定币是 USDC，[7] 它所抵押的美元是经过经常性审计的。USDC 和美元可以 1 比 1 兑换，如果是在 Coinbase 交易所兑换，是免手续费的。因为稳定币的投资需求高涨，USDT 和 USDC 完美融入了 DeFi 协议。但是，这些代币是有一定自身性风险的，因为它们是中心化控制的，并且保留有拉黑账户的权利。[8]

第二大类稳定币是加密货币抵押型稳定币，其抵押品是另一种加密货币。依据不同的机制，这类加密货币可以和标的物进行硬挂钩或软挂钩。目前最流行的加密货币抵押型稳定币是 DAI，市值 50 亿美元，发明者是 MakerDAO[9]，使用 ETH 和其他加密货币作为抵押。它使用了软挂钩，使用经济机制调整需求和供应，使其价格保持为 1 美元。我们将在第六章深入讨论 MakerDAO 和 DAI。另一个流行的加密货币抵押型稳定币是 sUSD，它使用 Synthetix（SNX）[10]网络代币的交易功能与美元挂钩。加密货币抵押型稳定币拥有去中心化和安全的特性。它们的缺点是扩展性有限，用户必须通过超额抵押债仓的方式，才能发行更多的稳定币。在类似 DAI 这样的例子中，债务上限进一步限制了供应增长。

最后一种也可能是最有意思的稳定币是无抵押型稳定币。它不使用任何底层资产作为抵押，而是使用算法提高和收缩供给来调节币价。无抵押型稳定币通常采用铸币税模型，当需求增加时，平台上的代币持有者会收到供给增加的消息。当需求下降，币价低于标的价格时，这些平台发行某种形式的债券，在代币持有者获得他们的份额之前，持有者有权获得未来的扩张性供应。这个机制非常类似中央银行调节法币的手段，这些平台有一个明确的目标，即盯住价格，而不是为政府支出或其他经济目标提供资金。

Basis[11]是一个值得关注的早期算法稳定币，但因监管压力关停。目前值得关注的算法稳定币包括 Ampleforth（AMPL）[12]和 Empty Set Dollar（ESD）[13]。无抵押型稳定币的缺点是，没有任何底层价值支撑其代币交易。在经济紧缩时期，可能会导致"银行挤兑"，代币持有者手中的大量代币会面临贬值，无法咬住标的价格。

要创造一种伸缩性强和抗紧缩、不易贬值的稳定币，还有大量工作要做，此外还要克服层层阻碍。[14]稳定币是 DeFi 的重要一环，因为它能使用户不必担心价格波动，就能安心使用 DeFi。

去中心化应用程序

前文提到，dApp 对 DeFi 非常重要。dApp 非常类似于传统的软件应用，区别在于它们是以去中心化智能合约平台为基础的。这些应用的主要优点是，无须许可和抗审查特性。任何人都可以使用 dApp，没有人能对 dApp 加以干涉。一个有明显区别，但是有关联的概念是**去中心化自治组织（Decentralized Autonomous Organization，简写为 DAO）**，它的所有运行规则使用智能合约进行编码，进而决定可以执行哪些行动。DAO 通常需要某种**治理代币（governance token）**，持有者拥有一定比例的投票权，可以对社区提案进行决策。我们将在后面的章节详细探讨社区治理。

第四章
DeFi的基本功能

我们在前面的章节详细讨论了 DeFi 的底层架构，这一章将讨论 DeFi 的基本功能，开发者可以将其组合并创造成复杂的 dApp。相较于中心化应用，dApp 具有全方位的优势。

交易

如果以太坊是个整体的话，以太坊交易就是组成 DeFi 的原子。交易过程包括从一个地址发送数据或 ETH（或其他代币）到另一个地址。所有以太坊交互，包括本章讨论的所有功能都是以交易作为起点的。因此，了解交易过程是探究以太坊和 DeFi 不可或缺的一步。

以太坊中存在两种地址，**外部账户（Externally Owned Ac-**

count，简写为 EOA）地址和**合约账户**（contract account）地址。发到 EOA 的交易只能做 ETH 转账。[1]在比特币网络中，所有地址都是 EOA 型。在以太坊中，当数据发往合约账户地址时，数据是用来执行合约中的代码的。合约交易可能有也可能没有 ETH。

智能合约中的条款可能致使交易失败，进而回撤交易之前的所有步骤。因此，交易具有**不可分割性**（atomic），即所有步骤都完成或所有步骤都撤回，不能只完成一两个步骤。不可分割性是交易的重要特性，因为资金可以在许多合约之间转移（即换手），如果不满足任一条件，合约条款就会设定回撤，就像资金从未离开起点一样。

因为交易是有交易费的，交易费的高低取决于交易的复杂程度。例如，当 ETH 被用于支付进行打包和执行工作的**矿工**（miner），交易费是相对较低的。更长或数据密集型的交易，交易费较高。如果交易被回撤，或交易费不足以支付，交易发起者将丧失回撤前的所有交易费。没收交易费是为了保护矿工的利益，如果没有这一条，失败的交易量就会激增，矿工就收不到交易费了。

交易费是由市场决定的，交易要想进入下一个以太坊区块，必须进行拍卖。交易费越高，说明需求越高，因此被纳入区块的优先级越高。

交易中一个和技术有关的题外话是，交易先统一在内存池（memory pool，或写为 mempool）中等待，然后再添加到区块中。矿工发现等待的交易后，将其添加到自己的内存池中，然后将交易分享给其他矿工，等待添加到下一个区块中。如果交易提供的交易费相比内存池中其他交易费没有竞争力，这个交易就会被推迟到下一个区块中。

任何人运行或与挖矿**节点（node）**通信，就可以查看交易。这可以让矿工借助抢先交易和其他技术，从交易活动中获利。与传统的中心化交易市场相比，因为市场信息公开透明，所以抢先交易是合法的。如果矿工看中了内存池中的某个交易，他可以通过自己执行或抢先交易争夺记账权。如果矿工幸运地赢得了区块，他就能获益。矿工直接执行所获得的收益，被称为**矿工可提取价值**（Miner Extractable Value，简写为 MEV），这是工作量证明的一个缺点。有一些策略，比如模糊交易，可以缓解 MEV 问题。模糊交易的原理是，不让矿工知道他们能从交易中获益多少。

同质化代币

同质化代币是以太坊和 DeFi 的里程碑。任何以太坊开发者都能开发可分割为特定颗粒度的代币，分割后的单位是相同的，并且可以互相转换。例如，美元就是同质化资产，因为 100 美元的纸币等价于 100 张 1 美元的纸币。我们在第三章提到过，以太坊区块链的代币接口是 ERC-20。[2] 从应用开发者的角度，接口是实现功能的最低标准。当一个代币实现了 ERC-20 接口，任何设定好功能的应用都可以快速无缝地与代币集成起来。使用 ERC-20 和相似的接口，应用开发者可以从容地支持尚未存在的代币。

ERC-20 接口定义了如下核心功能函数：

- totalSupply（）—— 读取代币的总供应量。
- balanceOf（账户）—— 读取特定账户的代币余额。
- transfer（接收地址，数额）—— 发送者通过交易向接收者地址发送特定数额的代币。
- transferFrom（发送者地址，接收者地址，数额）—— 从发送者地址转移一定数额的代币到接收者地址。
- approve（消费者，数额）—— 允许消费者消费账户中一定数额的代币。
- allowance（持有者地址，消费者地址）—— 代表持有者，返还一部分可以消费的代币到消费者地址。

如果代币余额不足或没有消费授权，智能合约会拒绝所有转账。上述前 4 个函数属于基本功能，后两个函数对于理解 ERC-20 的功能至关重要。没有这两个函数，用户只能从账户转入和直接转出资金。有了授权功能，可以将合约（或可信账户）加入白名单，作为用户代币的托管人，无须直接持有代币。这么做扩大了应用的使用范围，因为在消费者执行交易之前，资金是在用户的完全监管下的。

权益代币

在传统金融语境中，股本或股票是持股人享有权益的证明，但在区块链世界中，**权益代币**（equity token）是持有者享有某种资产或资产池的证明。代币的单位必须是同质化的，以便可以关联资产池中的等量份额。例如，假设代币 TKN 的总量固定为 10 000，对应智能合约中的 100ETH。该智能合约规定，每收到 1TKN，就返回一定比例数额的 ETH，那么 TKN/ETH 的兑换比例等于 100 比 1。我们可以拓展这个例子，假如资产池中的 ETH 发生变化，ETH 总量每年增长 5%，那么 100TKN 就等于 1ETH 加上 5% 的永久 ETH 现金流。市场就可以使用这个信息准确地给 TKN 进行定价。

对于真实的权益代币，资产池可能有更复杂的机制，不仅是静态或恒定速率增长的资产池。资产池的变化取决于智能合约中的代码。我们将在第六章展示一个动态利率机制的合约（混合代币），和一个具有复杂资费结构的多资产池（Uniswap）。同时还将解释集合协议，它定义了用静态或动态股份创建权益代币的标准接口。

功能代币

功能代币（utility token）是用于智能合约中某些特定功能，或智能合约系统已经定义好使用途径的同质化代币。虽然功能代币定义清晰，但它更多扮演万金油的角色。在许多情况下，功能代币驱动着系统经济，创造稀缺性，或按照开发者的设计意图激励参与者。在某些情况下，可以使用 ETH，但使用功能代币可以使系统从以太坊上积累和维持独立的经济价值。例如，使用算法调节供给的系统就需要一个独立的功能代币。我们在本章后文会更深入讨论供给机制。

功能代币可以用作抵押品（例如 SNX）、信誉或股份的替代物（例如 REP 和 LINK）、对标的维持稳定价值（例如 DAI 和 Synthetix Synth），以及支付特定应用的费用（例如 ZRX、DAI 和 LINK）。无论是法币抵押型稳定币或加密货币抵押型稳定币，还是无抵押型稳定币，所有稳定币都涉及支付功能。对于法币抵押型稳定币的代表 USDC，它作为功能代币仅在自身系统运行，不需要任何额外的智能合约基础设施支撑其价值。USDC 的价值源于，包括 Coinbase 交易所在内的公司都承诺使用 USDC 赎回美元。

功能代币的用途远比我们在这里提到的多。随着经济和技术的创新，功能代币的用途还会继续拓展。

治理代币

治理代币和权益代币都代表拥有权，权益代表对资产的所有权，治理代表投票权。用户投票可分为多种类型，我们先介绍其分类。

许多智能合约都嵌入了规定系统可以如何改变的条款。例如，允许的变动可以包括调整参数、添加新组件，甚至改变现有组件的功能。考虑到用户今天与之交互的合约可能在第二天发生变化，系统发生更改不是一件小事。在某些情况下，只有拥有特殊权限的开发管理员才能对平台进行更改。

由于管理员的中心化控制，任何具有管理控制功能的平台都不是真正的 DeFi。然而，没有变更能力的合约必然是僵化的，无法适应代码中的错误或不断变化的经济或技术大环境。出于这个原因，许多平台都在努力实现真正的去中心化，通常的手段是使用治理代币。

治理代币赋予持币人等比例的投票权，负责治理平台的智能合约对平台做出变更。我们将在第五章讨论投票机制和 DAO。

目前有多种治理代币的供应方式，包括静态供应、通胀供应，甚至通缩供应。静态供应很简单，购买的令牌将直接转换为一定比例的投票权。MakerDAO 的 MKR 币大体上就是静态供应的。我们将在第六章深入讨论 MakerDAO 的原理。

许多平台通过通胀时间表发布治理代币，以激励用户使用平台的特定功能，确保治理代币直接分发给用户。例如，Compound 就是使用通胀供应的机制发布 COMP 代币（详见第六章）。通缩供应方法可能是使用治理代币作为功能代币，用于平台支付，最终被销毁或删除。在旧版本的 MakerDAO 平台，就曾以这种方式销毁 MKR 币。

非同质化代币

从名字我们可以猜到，非同质化代币（NFT）的单位不同于其他类型的代币。

NFT 标准

以太坊的 ERC-721[3]标准定义了非同质化特性。和 ERC-20 相比，ERC-20 将所有 ID 存储到一个账户中，而 ERC-721 的每个单位都有自己独立的 ID，并附加有元数据，元数据使相同合约中的每个代币都是不同的。使用 balanceOf（地址）功能函数，可以获得合约中该地址拥有的 NFT 数量。另一个功能函数 ownerOf（id），可以用于获取特定代币持有者的地址。另一个重要的区别是，ERC-20 允许操作者动用部分代币账户，但 ERC-721 不允许部分操作。操作者经过授权，可以使用任意数额的 NFT。

NFT 在 DeFi 中的应用十分有趣。NFT 的另一个名字——契据（deed），暗示 NFT 可用作拥有某项资产的独有证明。NFT 的用途之一是可用作点对点贷款的所属权，这个贷款具有特定的利率和条款。资产可以使用 ERC-721 接口进行转让。另一个用途是彩票，因为只有一张或有限数量的彩票会中奖，其余彩票没有价值，所以彩票是非同质化的。NFT 还有一个强大的用途，是通过收藏品连接金融和非金融领域。例如，代币可以代表艺术品、视频、音乐，甚至是一条推文的所有权。NFT 也可以表示游戏或其他场景中的稀缺物品，并在 NFT 的二级市场实现保值。

多代币标准

ERC-20 和 ERC-721 代币需要单独的合约和地址部署到区块链上,有的系统中的代币是紧密关联的,甚至可能是同质化代币和非同质化代币混合在一起,再这么部署就很麻烦。ERC-1155[4]标准通过定义多代币模型解决了这个问题。在这个模型中,合约持有可变数量的账户,包含同质化代币和非同质化代币。该标准还允许批量读取和转账,这么做可以降低交易费用并使用户体验更顺畅。类似于 ERC-721 标准,ERC-1155 标准也不允许对账户的部分操作。

托管

DeFi 的重要功能之一是能够在智能合约中直接托管或保管资金。这点明显有别于 ERC-20,在 ERC-20 中,只有经过授权,才能进行转账。用户仍然持有资金的保管权,可以随时转移资金或撤销合约。当智能合约对资金拥有完全的托管权时,就衍生出了新的功能,包括:

- 保留交易费和发放奖励。
- 促进代币互换。
- **联合曲线**(bonding curve)做市。

- 抵押贷款。
- 拍卖。
- 保险基金。

为了高效托管代币，必须对合约进行编程，以处理相应类型的接口，同质化代币使用 ERC-20，非同质化代币使用 ERC-721。该合约可以统一处理特定标准的所有代币，也可以只处理特定的子集。当代币被发送到合约时，如果合约没有编码机制以释放代币资金，代币就可能永久托管在合约中。为了避免这个问题，通常在代币转移中嵌入安全检查的步骤，验证合约是否具备释放代币的功能。

调整供给

调整供给是通过智能合约提高（铸币）或降低（销毁）同质化代币的供给。接下来，我们介绍这些基本功能，并介绍一个更复杂的系统——联合曲线。

销毁：降低供给

销毁（burn）代币意味着将其从流通市场中移除，可以通过以下两种方式：

1. 手动将其发送到一个无主的以太坊地址。
2. 创建一个合约，这个合约持有资金，却不能进行消费。

尽管代币合约不"清楚"减少了流通供应，但无论哪种方法都会让销毁的代币无法使用。销毁行为类似于传统金融体系中货币的销毁或不可逆转的损失（即销毁老旧的纸币，并用新印制的纸币取代）。在实际中，经常有意或无意地使用这两种形式销毁 ETH 或 ERC-20 代币。校验地址[5]和注册合约[6]可以阻止事故的发生。

更加常见的做法是，在智能合约设计之初，人们就有意加入销毁代币的功能。以下是以算法方式销毁代币的例子：

- 表示存在资金池和赎回标的（在权益代币中较常见，比如 Compound 的 cToken，我们将在第六章讨论）。
- 增加稀缺性，以提高价格（例如，第六章中的 AAVE，以及铸币税算法稳定币模型，如 Basis/ESD）。
- 惩罚恶意行为。

铸币：增加供给

与销毁对应的是**铸币**（mint），它增加了流通代币的数量。与销毁相反，没有意外或手动铸币的机制。任何铸币机制都必须直接编码到智能合约中。因为铸币可以激励更广泛的用户行为，例子很多，比如：

- 表示进入某个资金池并获得相应的所有权份额（在权益代币中很常见，比如 Compound 的 cToken）。
- 降低稀缺性（增加供给），以使币价下降（铸币税算法稳定币模型，比如 Basis/ESD）。
- 奖励用户行为。

用增加供给（通货膨胀奖励）激励用户是一种常见做法，这样做可以提高流动性，或鼓励用户使用特定的平台。因此，许多用户从事流动性挖矿（yield farming，也称收益耕作），以寻求尽可能高的奖励。平台可以通过在网络中发行具有额外价值的代币，引导用户参与进来。用户可以在平台网络中持有代币，并部署在平台上，也可以将其出售获取利润。无论哪种方式，在平台中采用代币通常会提高活跃度。

联合曲线：给供给定价

通过合约调整供给的方式定义了一条联合曲线，即代币供应和用于购买代币的资产之间形成了价格关系。在现实中，投资者大多使用同样的价格关系卖掉代币。这个关系被定义为数学函数或拥有若干条款的算法。

为了说明，我们用 TKN 表示某代币的价格，用 ETH 进行计价

（也可以用其他同质化加密资产），使用 S 表示供给。最简单的联合曲线是 TKN = 1（或其他常数），TKN 和 ETH 的比例是一个常数，说明将 TKN 与 ETH 的价格进行了锚定。稍微复杂一点的曲线是线性联合曲线，用 m 和 b 分别表示斜率和截距。价格（TKN）= $mS + b$。如果 m = 1，b = 0，则第一个 TKN 等于 1ETH，第二个 TKN 等于 2ETH，依次类推。单调递增的联合曲线会奖励早期投资者，因为购买得早，价格便宜，曲线后面任何交易都能让早期投资者以更高的价位回售，如图 4.1 所示。

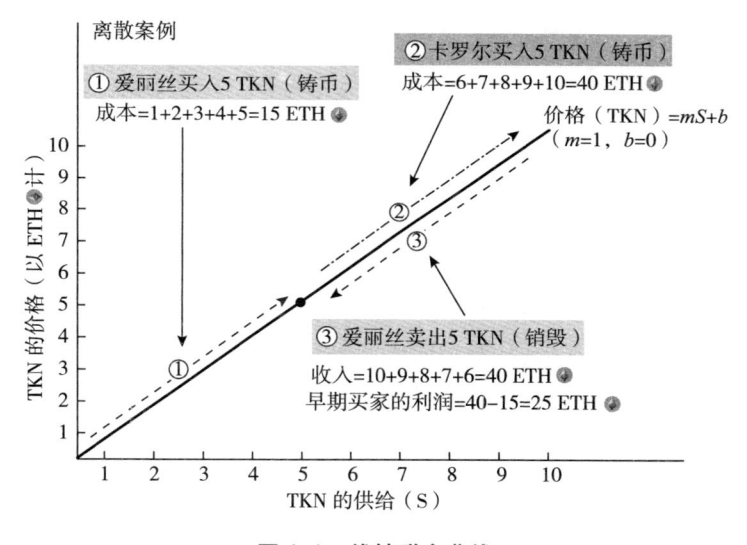

图 4.1 线性联合曲线

联合曲线的原理还是比较容易理解的。思路稍作转换，可以用一个能购买和出售标的代币的智能合约表示联合曲线。对于出售的代币，供应可以不设上限，由联合曲线作为授权铸币方，或者预先确定最大供应量，由联合曲线合约托管。当用户购买代币时，联合曲线会托管收到的资金，直到用户将来回售。

联合曲线的增长速率对于用户的实际表现至关重要。线性的增长率会慷慨地奖励早期用户，直到代币增长到足够大的供应量。斜率逐渐加大的曲线会导致更加极端的回报（如图4.2所示），例如 TKN = S^2。第一个代币花费 1ETH，第 100 个代币将花费 10 000 ETH。在实际中，大多数项目会使用一个亚线性增长率或对数函数（如图 4.3 所示），价格将收敛于一个上限值。

联合曲线还可以让买家和卖家有不同的价格曲线（如图 4.4 所示）。可以让卖家曲线比买家曲线的增长率和截距更低。曲线之间的价差就是智能合约所累积的价值（在本例中为 ETH），价差可

离散案例

① 爱丽丝买入 2 TKN（铸币）
成本=1+4=5 ETH

② 卡罗尔买入 2 TKN（铸币）
成本=9+16=25 ETH

价格（TKN）=S^2

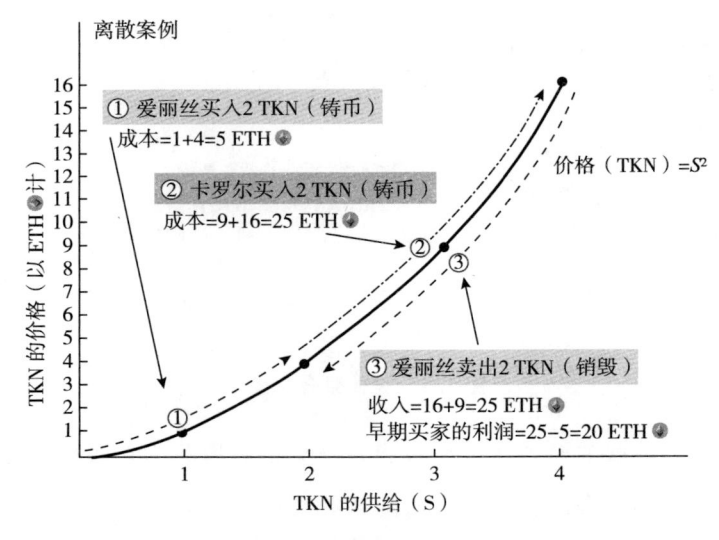

③ 爱丽丝卖出 2 TKN（销毁）
收入=16+9=25 ETH
早期买家的利润=25−5=20 ETH

TKN 的价格（以 ETH 计）

TKN 的供给（S）

图 4.2　超线性联合曲线

以当作平台使用费或用于资助更复杂的功能。只要该合约持有足够的抵押品，能回售整条卖出曲线，该合约就是可行的，能够满足所有卖出需求。

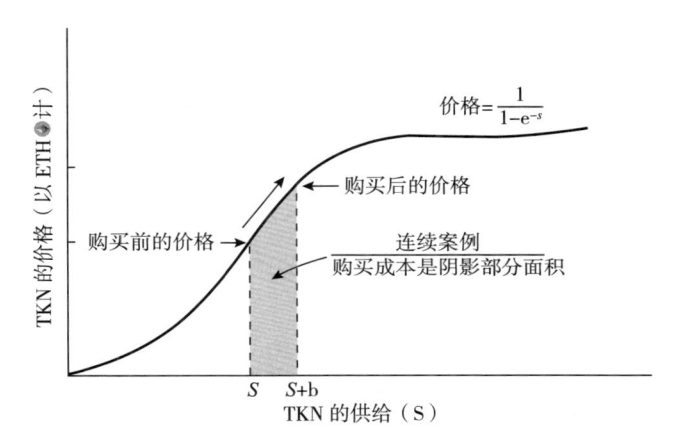

图 4.3　对数联合曲线

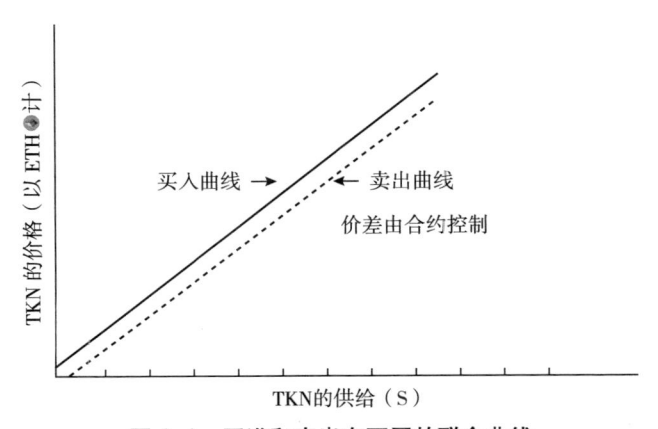

图 4.4　买进和卖出有不同的联合曲线

第四章　DeFi 的基本功能　　49

激励

在加密经济这个宏大系统中,激励措施对于鼓励(积极激励)和遏制(消极激励)用户行为是非常重要的。"激励"一词的含义比较广泛,所以我们将讨论范围缩小到代币支付或交易费。我们将研究两类不同的激励措施:

1. **抵押激励**(staked incentive),适用于智能合约中托管的代币。
2. **直接激励**(direct incentive),适用于系统内没有托管资金的用户。

合约机制决定了奖励资金的来源和交易费的最终归属。奖励资金可以靠通胀供应或铸币来发行,也可以从智能合约的托管资金中取出。用作费用的资金,可以被销毁或托管在智能合约中。奖励资金也可以作为直接奖励发放给平台的参与者,或通过拍卖偿还债务。合约机制可能通过销毁的方式减少特定代币的供应,增加定价压力。

抵押奖励

抵押奖励(staking reward)是一种积极的激励措施,基于用户向系统贡献的抵押资金数额，用户可以获得奖金。抵押奖励会对所有抵押资金施行一个最低门槛，门槛可以是固定的，也可以是成比例的，奖励代币可以是与抵押相同或不同的代币。

Compound 协议（将在第六章中讨论）为用户发放抵押奖励，这些资金被保管在借入或借出的账户中。这些奖励是用另一个单独的 COMP 代币支付，由托管的 COMP 资助，托管资金的供应量固定，适用于所有抵押资金，并按比例进行奖励。Synthetix 协议按照抵押的 SNX 代币发放奖励。奖励以 SNX 支付，由通胀供应资助，没有供给上限，用户资金必须达到抵押率的门槛才会被发放奖励。

削减（抵押惩罚）

削减（slashing）是指清除用户的部分抵押资金，因此是消极激励，当用户发生恶意行为时就会被惩罚。**削减条件**（slashing condition）是触发执行削减的机制，可以通过部分或全部清除资金来调整。清算抵押资金可能是由于抵押不足、用户存在恶意行为，或者市场变化引发了通缩。

在接下来的抵押贷款讨论中，我们将介绍清算（liquidation）的常见削减机制，用户在这些机制中得到激励，通过拍卖或销售清理抵押品，任何剩余的资金都会留在原持有者那里。市场波动导致削减，而不是债务导致削减的例子是算法稳定币，它会在价格贬值时直接减少用户的代币数额，使价格恢复到正常水平。

直接奖励和守护者

直接奖励（direct reward）是正向的激励措施，包括与用户行为相关的支付或费用。正如前文提到的，所有以太坊的交互都是从交易开始的，而所有交易都是从外部账户，即 EOA 开始的。无论是人，还是链外机器人控制的 EOA，都位于链外。如果要对市场情况做出自动化响应，要么需要支付交易费用，导致成本提高，要么在技术上不可行。因此，以太坊上没有任何交易是自动发生的，必须是事先设定好的。

一个典型的例子是当抵押债务头寸不足时，设定交易必然启动。这时不会自动触发清算，一般是在 EOA 得到直接激励后触发清算。然后，合约做出评估，符合所有条件的话，则进行清算或更新。

守护者（keeper）是一类 EOA，通过固定或成比例的费用激励守护者在 DeFi 协议或其他 dApp 中执行行动。因此，可以将自动监测外包到链外，创造新的商机。也可以用拍卖的形式作为守护者的奖励，竞争出最高价格。因为系统信息几乎完全公开，守护者拍卖的竞争将非常激烈。对守护者直接奖励的副作用是，由于对这些奖励的竞争，交易费可能会发生通胀。也就是说，更多的守护者活动产生了额外的交易需求，这反过来提高了交易费。

交易费

交易费通常是系统或平台功能的资助机制。交易费可以是固定的，也可以是基于某个比例的，这取决于采用何种激励。交易费可以作为直接的消极激励，也可以在股本资金上累积。累积的交易费必须关联到股本余额，确保用户支付这些费用。由于以太坊账户的假匿名特性，我们只知道以太坊用户的账户余额和以太坊上的各种合约交互，所以设计征收交易费的机制是个挑战。如果智能合约对任何以太坊账户开放，保证征收交易费的唯一方法是链上抵押标的支持所有债务，并且抵押标的必须是公开透明的。匿名性带来的挑战使得其他机制，比如信誉，不如抵押资金可靠。

互换

简单来说，**互换（swap）**就是将一种代币换成另一种。互换在 DeFi 中的优势是具有不可分割性，并且是非托管的。资金可以被保管在智能合约中，在互换完成之前，可以随时行使提款权。只有当各方同意并满足交易条件，并且是由智能合约执行时，才会完成互换。如果不满足任一条件，整个交易就会被取消，所有参与方都会保留自己的托管资金。在以太坊上，以非托管的方式进行代币互换的平台是**去中心化交易所（Decentralized Exchange，简写为 DEX）**。目前 DEX 有两种主要机制确保流动性：

订单匹配（order book matching）和**自动做市商**（Automated Market Maker，简写为 AMM）。

订单匹配

在订单匹配系统中，所有参与各方必须就互换汇率达成一致。做市商可以向 DEX 发布出价和要价，并允许接受者以先前商定的价格交易。在报价被接受之前，做市商有权删除报价，也可以根据市场波动更新汇率。

订单匹配方法是昂贵且低效的，因为每次更新都需要进行链上交易。对于订单匹配，交易双方必须自愿并能够以商定的汇率进行交换，交易才能执行。苛刻的条件导致低效，所以很难改进，它限制了许多智能合约应用，这些应用要求交易流动性不能受限于交易方的参与度。一个创新的替代方案是自动做市商。

自动做市商

自动做市商是一个智能合约，它持有交易双方的资产，并不断报出买入和卖出的价格。基于已执行的买入和卖出行为，合约更新要价和出价背后的资产规模，并使用这一比例定义其定价函数。在确定价格时，该合约还可以参考比买卖规模更复杂的数据。从合约角度来看，无论是对买入方还是卖出方，价格应该是风险折中的。

未经训练的自动做市商可能会在两种资产之间设定一个固定的价格比率。有了固定的价格比率，当市场价格在两种资产之间发生变化时，更有价值的资产将从自动做市商中流出，并在另一个以市场价格进行交易的交易所进行套利。自动做市商应该设定了一个能够收敛到资产市场价格的定价函数。也就是说，当合约中某个资产和其他资产的比率降低时，定价函数应使从交易对中购买该资产的价格更高。

自动做市商的优势在于，它总是处于可用的状态，而且就算另一交易方是传统的，也不影响交易。这些优势对智能合约和 DeFi 的开发非常重要，因为这可以保证用户在必要时随时交换资产。用户在完成交易之前一直保持对其资金的控制，因此交易方风险为零。自动做市商的另一个好处是可组合流动性（composable liquidity），这意味着任何交易合约都可以插入任何其他交易合约的流动性和汇率。因为自动做市商保证了可用性，并允许合约单边交易，所以实现起来特别容易。可组合流动性契合 **DeFi 乐高积木**（DeFi legos）的理念（我们将在后文讨论）。

自动做市商的缺点之一是伴有**非固定损失**（impermanent loss）。在提供资产进行交易和持有相关资产以从价格波动中获利二者之间，存在机会成本损失。损失是不固定的，因为价格如果恢复到先前的水平，就可以抹平损失。举个例子，考虑 A 和 B 两个资产，如图 4.5 所示，每个资产最初价值 1ETH。自动做市商合约分别持有 100 个相同数量的每种资产，并以 1∶1 的固定汇率提供两种资产。我们使用 ETH 作为记账单位，来跟踪合约对持有资产的回报和任何非固定损失。在给定的账户金额和市场汇率下，该合约托管着 200ETH。假设资产 B 的价格在外部市场升值到 4ETH，资产 A 的价格升值到 2ETH。套利者将合约中的所有资产 B 换成资产 A，因为资产 B 更有价值。然后该合约持有 200 个资产 A，价值 400ETH。在这种情况下，合约的回报率为 100%。

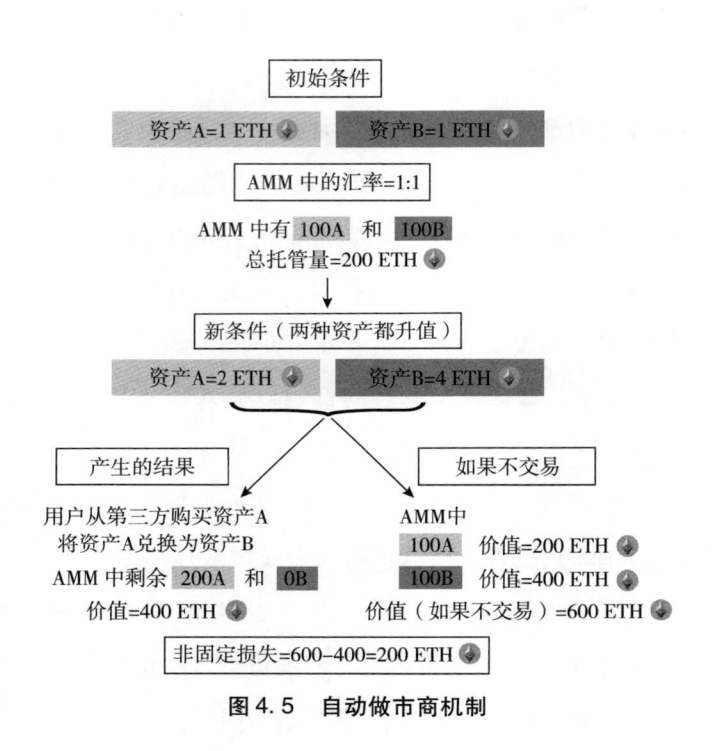

```
初始条件
资产A=1 ETH    资产B=1 ETH
AMM 中的汇率=1:1
AMM 中有 100A 和 100B
总托管量=200 ETH

新条件（两种资产都升值）
资产A=2 ETH    资产B=4 ETH

产生的结果                    如果不交易
用户从第三方购买资产A          AMM中
将资产A兑换为资产B             100A  价值=200 ETH
AMM 中剩余 200A 和 0B          100B  价值=400 ETH
价值=400 ETH                   价值（如果不交易）=600 ETH

非固定损失=600-400=200 ETH
```

图 4.5　自动做市商机制

然而，如果合约没有卖出资产 B，合约的价值将是 600ETH。该合约的非固定损失等于 200ETH，即 600ETH 和 400ETH 的差额。如果合约的持有量恢复到资产 A 和 B 之间的平价，那么非固定损失就消失了。如果合约持有流动资金的目标是获取利润，那么收取的费用必须超过非固定损失的金额。

价格和流动性的波动都会引发非固定损失，因为合约被设置成卖出升值资产、买入贬值资产。非固定损失的重要特性之一是路径独立性（path independence）。在上面的例子中，是 1 个还是 100 个交易者消费了所有流动性，并不重要。无论交易量或交易方向如何，最终的汇率和合约资产比率产生的非固定损失都相同。基于路径独立性，非固定损失在具有相关价格的交易对［均值回归交易对（mean-reverting pairs）］上是最小的。因此，稳定币交易对特别受自动做市商欢迎。

抵押贷款

债务和借贷也许是 DeFi 和传统金融中最重要的金融机制。一方面，这些机制是有效分配资本和促进经济增长的有力工具，但增加了回报风险敞口。另一方面，系统中债务过多会造成不稳定，有可能导致大规模的经济和市场萎缩。因为交易方是在一个对抗性的综合环境中，DeFi 放大了这些好处和风险。随着平台之间的相互依赖性越来越强，系统中局部性的债务崩溃会殃及所有关联的协议，并迅速向外蔓延。

任何非零期限的贷款（例如，预示性闪电贷款）必须有对等或超额的抵押品。使用合约对抵押品提出要求，可以防止交易方违约。无抵押机制提高了交易方窃取资金的风险，特别是在以太坊这样的开放和匿名系统中，过度抵押头寸的风险是，抵押品变得比债务更不值钱，导致抵押品赎回被取消且无法恢复。因此，使用波动性强的抵押品需要更高的抵押率来弥补风险。

前文提到了清算机制，我们现在进行详细解释。为了避免清算，债务必须维持一定的超额抵押，适度的价格波动不会使抵押品的价值下降太多。智能合约通常定义一个最低抵押门槛，低于这个门槛的抵押品会被清算，并关闭头寸。这时，可以拍卖抵押品或直接在 DEX 借助自动做市商以市场价格出售。

如前所述，以太坊区块链中的头寸不能被自动清算，因此需要一种激励措施，通常将交易费中的一部分分配给外部守护者，后者能够清算头寸并获得奖励。剩余的抵押资金留给头寸的原始持有人。在某些情况下，系统会将所有剩余抵押资金送给守护者，作为一种更强的激励。由于清算的惩罚很高，且大多数抵押资产具有波动性，平台通常允许用户提高抵押资产上限，以保持健康的抵押率。

抵押贷款和调整代币供应引发了一个有趣的影响，抵押行为可以为合成代币的价值背书。合成代币是一种由债务创造和资助的资产，需要偿还合成代币以收回抵押资产。合成代币可以具有明确的用途，也可以代表复杂的金融衍生品，比如期权或债券（例如第六章中的 Synthetix Synth 和 Yield yToken）。跟踪底层资产价格的稳定币，也可以是这种类型的合成代币（例如第六章中的 MakerDAO DAI）。

闪电（无抵押）贷款

闪电贷款（flash loan）是 DeFi 中独有的金融产品，它极大地拓宽了特定类型的金融渠道。贷款在传统金融中是一种工具，旨在将多余的资金从希望使用它的人或实体（贷款人）那里有效地分配给需要资金来资助项目或消费的人或实体（借款人）。贷款人因提供资金并承担违约风险而得到补偿，在贷款期限内收取利息。贷款期限越长，利率通常越高，因为偿还时间越长，贷款人面临借款人违约的风险就越高。

将这一推理颠倒过来，可以得出这样的结论，短期贷款的风险应该较小，因此对贷款人的补偿也少。闪电贷款是在同一交易中偿还的即时贷款。闪电贷款类似于传统金融中的隔夜贷款，但有一个关键区别，还款是在交易中要求的，并由智能合约强制执行。

透彻理解以太坊交易有助于理解闪电贷款的原理。交易中的一项条款至关重要，如果在交易结束时没有偿还贷款和所需的利息，整个交易过程将回撤到任何资金离开贷款人账户之前的状态。换句话说，用户要么成功地将贷款用于既定的用途，并在交易中完全偿还，否则交易就会失败，一切重设为用户没有借过任何资金的状态。

闪电贷款基本上没有交易对手风险或期限风险。然而，智能合约风险总是存在的（例如合约设计中的缺陷，见第七章）。闪电贷款允许用户利用套利机会，或在无抵押的情况下为贷款再融资。这个功能使世界上的任何人都能获得更多机会，而以前通常需要投入大量资金。在后文中我们将看到，相似的创新不可能出现在传统金融体系中。

第五章
DeFi解决的问题

对于传统金融体系的五大问题，即低效、渠道窄、不透明、中心化控制和割裂，本章讨论 DeFi 给出的具体解决方案。

低效

在传统金融体系的五大缺陷中，低效问题最为突出。DeFi 可以顺畅处理大资金量的金融交易，而这类交易对传统金融体系来说，通常构成很大的组织负担。DeFi 借助 dApp 实现大资金量交易，通过创建可重复使用的智能合约，用户就可以执行特定的金融操作，例如执行看跌期权，而且无须考虑交易规模。通过调整 dApp 的智能合约和区块链的参数，用户基本上不需要帮助，只要自助服务就行了。对于基于以太坊的 DeFi，只需支付交易费，任何人都可以使用这些合约。目前，转账的费用在 3 美元左右，若是使用 dApp 功能，比如对抵押品进行杠杆操作，费用是 12 美元。合约一旦部署就能持续提供服务，其组织开销几乎为零。

守护者

我们在第四章介绍了守护者的概念，守护者是受到激励的外部参与者，可以为 DeFi 协议提供服务，例如监控头寸以确保抵押品金额充足，或触发各种功能的状态更新。为了确保 dApp 的收益，以及对各类服务进行合理定价，守护者奖励通常以拍卖方式进行。公开透明的竞争，保证用户按市场价格支付每项服务，有助于 DeFi 平台实现价值最大化。

分叉

另一个提升效率的方法是**分叉**（fork）。在开源代码中，如果复制源代码后进行了升级，然后又部署了一套应用，就形成了分叉。在区块链协议中，如果两条并行的区块链和加密货币引用了同一条区块链，就形成了一个常见的分叉。分叉在协议层面制造了竞争，可能创造出最好的智能合约平台。不仅整个以太坊区块链的代码是公开和可分叉的，任何建立在以太坊之上的 DeFi 和 dApp 也遵循同样的准则。只要存在低效或次优的 DeFi 应用，就可以通过分叉快捷地复制代码、改进和重新部署。

正是因为 DeFi 和区块链具有开放特性，才衍生出分叉这一强大的功能。

分叉给 DeFi 平台带来了一个有趣的挑战，即**吸血行为**（vampirism）：在一个 DeFi 平台复制另一个 DeFi 平台代码之后，为了获得更大流量和更多用户，新平台提供了比原平台更丰厚的奖励。但是，用户又可能会被另一个具有相同功能且奖励更高的 DeFi 平台再次吸引走。

如果层层膨胀的奖励存在缺陷，随着资产逐渐泡沫化或更优平台的出现，克隆而来的 DeFi 平台就可能崩溃。吸血行为并不是固有的风险或缺陷，而是由纯粹的竞争和 DeFi 的开放特性所带来的附属品。这个选择过程最终会产生效率最佳、更强健的金融基础设施。

渠道窄

随着智能合约平台出现在越来越多的场合，用户体验愈加流畅，惠及的用户越来越多，从而缓解了传统金融体系的第二个问题：渠道窄。从未接触银行的个人和雇用大量劳动力的小企业（美国小企业雇用了 50% 的劳动人口），可以直接从 DeFi 获得金融服务的机会。这对全球经济具有非常积极的促进作用。因为大型机构垄断了金融业，即便是能获得银行账户、抵押贷款和信用卡等传统金融服务的消费者，也无法获得最具竞争力的价格和最有利的条款。相反，无论用户拥有的财富是多是少，无论身处何方，DeFi 都能让所有用户访问其整个金融基础设施，使用所有功能。

收益耕作

收益耕作（yield farming，**也称流动性挖矿**）为许多需要金融服务但被传统金融体系"抛弃"的人提供了机会。用户只要存入一定资金，或使用特定的合约协议，就能从合约中获得收益，收益形式可能是和底层资产同样类型的代币，或是另外一种治理代币。任何用户都可以参与进来，抵押任意规模的资金，就算再少也能获得相应的奖励。对于治理代币，收益耕作尤其强大。某个发行治理代币的协议，该协议的用户通过收益耕作的方式抵押资金，就可以成为该协议的合伙人。这种情况在传统金融体系中很少见，但在 DeFi 中，将平台的所有权交给使用者和受益者，是一种常见且明智的方式。

初始 DeFi 发行

收益耕作促成了一个有趣的结果，用户通过对自己的 Uniswap（在下一章讨论）交易对进行做市，可以创建**初始 DeFi 发行**（Initial DeFi Offering，简写为 IDO）。用户成为该交易对的首位**流动性提供者**（Liquid Provider，简写为 LP）后，可以设定初始汇率。假设用户的代币称为 DFT，总供应量为 200 万。他可以通过以 100 万 DFT 和 10 万 USDC 开市，使每个 DFT 价值 0.10 USDC。任何 ERC-20 代币持有者都可以购买 DFT，这就推动了 DFT 价格的上涨。作为唯一的流动性提供者，用户还获得了所有的交易费。使用这种方式，人们可以让自己的代币立即进入尽可能多的用户手中。如果用户控制了 Uniswap 市场之外的供应量，那么这种方法就为代币设定了人为的价格底线，因此抑制了价格发现[①]。IDO 应该作为用户代币分配的一种选择或策略来权衡。

IDO 通过两种方式扩大 DeFi 的传播途径：第一，IDO 允许项目在高资金流量的 DeFi 交易所上市，这些交易所除了对初始资金有限制，没有其他进入门槛；第二，IDO 能让用户以最快的速度接触刚刚上市的最好项目。

不透明

传统金融体系的第三个缺点是不透明。DeFi 通过合约协议的公开性和契约性优雅地解决了这个问题。这一节，我们将探讨智能合约和代币化如何提高 DeFi 的**透明度**（transparency）。

[①] 价格发现是指买卖双方在给定的时间和地点，对一种商品的质量和数量达成交易价格的过程。——译者注

智能合约

　　智能合约的透明特性大大降低了信任门槛。所有参与者都互相清楚对方的资金情况，如果需要的话，还能知道资金是如何使用的。所有人都可以阅读合约，商讨条款，消弭误解，最终达成一致。如此清晰的透明度大大降低了法规层面的障碍，让中小玩家都能安心参与交易。在当前的传统金融环境中，个人和小公司受制于强大中心化机构的"摆布"，资金延期或扣押屡见不鲜。但在智能合约中，普通用户完全不需要理解合约代码，单纯依靠平台的开源性质、代码审计的存在（稍后讨论），以及众多参与者的集体智慧，就可以安全使用了。总的来说，DeFi降低了交易双方的风险，从而创造了远高于传统金融体系的效率。

　　DeFi参与者必须遵循合约条款进行交易活动。抵押是确保参与者行为的机制之一，在这种机制中，参与者预先将加密资产托管到合约中，只有条款得到满足后，资金才交付给适当的交易方，或者返回给原持有人。参与者提出的任何要求或交互，都可以用于抵押。通过抵押对行为不当的一方施加惩罚，参与的另一方如果不仅满足了合约中的所有条款，并且结果更好，就能获得合约抵押的奖励。与传统金融协议相比，这种透明的激励结构更安全，保障性更强。

　　DeFi中另一种提高透明度的智能合约是代币合约，它能让用户准确地了解系统中的代币额度以及通胀和通缩的参数。

中心化控制

传统金融体系的第四大缺陷是来自政府和大型机构的强力控制，这些机构实际垄断了货币供应、通货膨胀率和投资机会。DeFi 通过公开透明和不可篡改的合约协议，颠覆了这种中心化控制。社区参与者或者预先写好的算法，可以控制 DeFi 中 dApp 的参数，例如通货膨胀率。一旦某个 dApp 中管理员拥有特殊权限，就会被所有用户发现，任何用户马上就可以创建一个更加扁平的 dApp 替代品。

基于区块链的开源精神和智能合约的公开特性，DeFi 项目中的缺陷可以很容易就被发现。通过分叉的手段，复制和改进有缺陷的项目会十分容易。因此，DeFi 需要努力设计出自然且优雅的协议以激励参与者，并通过精巧的机制设计让系统保持健康平衡。当然，存在中心化控制有劣势，也有优势。如果发生危机，采用中心化控制可以采取果断行动，即便这一行动可能不是最佳策略。来自方方面面的挑战数不胜数，通往 DeFi 之路布满荆棘。但是，去中心化方法所带来的公开透明和安全性将孵化出功能强大的协议，最终成为全球用户值得信任的金融基础设施。

去中心化自治组织

在 DAO 中，智能合约负责编码运行规则，它决定了谁可以执行什么行动或进行升级。DAO 通常使用某种治理代币，代币所有者拥有一定比例的投票权，可以影响决策结果。我们将在后文更详细地探讨治理问题。

割裂

接下来，我们谈一谈 DeFi 如何解决传统金融体系中存在的割裂问题。传统金融产品难以整合，一般至少需要电汇的环节，许多金融业务无法重组。DeFi 施展拳脚的空间很大，各种功能就像积木一样，很容易组合成新的 DeFi 产品，创新层出不穷。基础设施一旦建立，例如创建了某种资产，就可以使用借款和贷款的协议。更进一步，还能在借贷资产的基础上使用杠杆。随着新平台不断涌现，这种互操作性将体现在越来越多的方向上。人们常用 DeFi 乐高积木这个说法，来比喻将现有协议组合成新协议。可组合性催生了代币化和**网络化流动性**（networked liquidity）。

代币化

代币化是 DeFi 平台进行整合的重要方式之一。以一个私人商业房地产企业的所有权为例。在传统金融体系中，将这一资产作为贷款抵押品，或作为开启杠杆衍生品头寸的保证金是相当困难的。由于 DeFi 使用了共享接口，各种应用可以直接连接其他应用的资产，进行重新包装并根据需要进行切分。对于传统的非流动性资产，DeFi可以通过代币化释放其流动性。举一个简单的例子，股票是一种均一性资产，代币化可以将其分割为股份。使用同样的方法进行拓展，稀缺资源（如稀有艺术品）也可具有部分所有权。任何其他的DeFi服务，例如杠杆或衍生品，代币都可以作为它们的抵押品。

将这种模式进行反转，用代币表示现实资产或数字资产的组合，并像ETF一样进行交易。想象一下，dApp就像房地产投资信托基金（Real Estate Investment Trust，简写为REIT），所有者拥有将REIT细分为独立的小房地产组件的能力，以便在REIT内选择心仪的地理位置和分配。拥有代币意味着可以监督房地产是如何分配的。该代币可以在DEX进行交易，以进行头寸清算。

与数字资产相比，因为无法通过代码执行维护和存储等实地操作，不动产或贵金属等硬资产的代币化更加困难。跨司法管辖区的法律限制也是对代币化的挑战。尽管如此，我们仍不应该低估安全且合约性的代币化适用于大多数资产。

DeFi平台的头寸代币化后，是一种可嵌入其他平台的衍生资产。头寸经过代币化，具备了可移植性。一个有代表性的例子是Compound（见第六章），它有助于建立活跃的借贷市场，代币化的头寸可以累积以特定代币计价的利息，且利率可变。例如，如果底层资产是ETH，那么就可以用名为cETH（cToken）的ETH衍生品替代基本资产。其结果是，基于ETH的衍生品，同时依据Compound协议累积利率可变的利息。因此，代币化可以直接将资产移植进 Compound，或使用 cToken 接口获得 Compound 的利率利益，代币化为 dApp 开启了新的收入模式。

网络化流动性

互操作性优势很容易延伸到交易所的流动性中。对于传统交易所，尤其是个人投资者常用的交易所，不会轻易与其他交易所分享流动性。但在 DeFi 中，作为合约的子组件，任何交易所应用都能利用同一区块链上其他交易所的流动性和利率。这促成了网络化流动性，同一应用内的用户可以获得竞争力十足的利率。

第六章

深入理解DeFi

根据 dApp 的功能，我们可以对 DeFi 进行分类。但分类的边界存在一定模糊性，许多 dApp 都可以归入多个类别，所以这里只是试图将它们放入最相关的类别。我们以信用/借贷、DEX、衍生品和代币化为出发点，考察 DeFi 平台。[1]因为以太坊网络最为流行，所以以以太坊作为主要关注对象。DeFi 创新还涉及其他区块链，包括 Stellar 和 EOS。[2]Polkadot[3]平台也有一定的用户，它采用了权益证明共识机制。

信用/借贷

MakerDAO

MakerDAO[4]（DAO 即去中心化自治组织）是 DeFi 的典范之

一。如果众多应用需要相互嵌入，它们必须有一个公用的底层架构。MakerDAO 的价值体现在，它创建了加密货币抵押型稳定币，并与美元挂钩。这意味着 MakerDAO 可以完全在以太坊区块链内运行，而不必依靠外部中心化机构支撑、保管和审计稳定币。MakerDAO 采用了双代币模型，其中治理代币 MKR 用于在平台上获得投票权并参与价值活动。另一种代币是名为 DAI 的稳定币，这是 DeFi 生态系统中的主要代币，整合了许多协议，我们在后文详细讨论。

DAI 的产生方式如下。用户将 ETH 或其他支持 ERC-20 的资产存入**资金库**（vault）。资金库是一个智能合约，可以托管抵押品并跟踪抵押品价值，以美元计价。然后，用户可以按照一定的抵押率铸造 DAI。这实际是 DAI "债务"，之后是要偿还的。DAI 持有者可以随意使用这种代币。例如，用户可以卖出 DAI 换取现金，也可以施加杠杆赚取更多抵押资产，[5] 并不断重复杠杆操作。由于 ETH 和大多数抵押代币都有波动性，所以会要求抵押率超过 100%，通常在 150%~200%。

DAI 机制的理念并不新鲜，它类似于抵押债务头寸。例如，房主如果需要一些流动资金，可以将房子抵押给银行，获得现金形式的抵押贷款。由于 ETH 的价格波动性比房子大得多，ETH-DAI 合约的抵押率比传统抵押贷款高。此外，因为所有活动都发生在以太坊区块链内，不需要任何中心化机构的参与。

我们来思考一个简单的例子。假设一位 ETH 持有者需要流动资金，但他不想卖掉手中的 ETH，因为他认为 ETH 会升值。这种情况类似于房主需要流动资金但不想卖房。假设投资者拥有5 ETH，ETH的市场价格为200美元（即总价值为1 000美元）。如果抵押率要求是150%，那么投资者最多可以铸造667DAI（1 000美元除以1.5，再四舍五入）。这里的抵押率被设置得很高，是为了降低贷款债务超过抵押品价值的概率。此外，为了提高代币DAI与美元挂钩的信赖度，平台需要避免抵押品的单位价值低于1美元（即1 DAI）的风险。

考虑到1.5的抵押率，一旦ETH价格跌到200美元以下，将导致抵押不足，会发生类似于追缴保证金（margin call）的情况，所以铸造667DAI是不明智的。这里使用的是传统金融术语，但在DeFi中，因为没有经纪人督促着追缴保证金或清算头寸，也没有宽限期，所以会立即执行清算。

因此，大多数投资者为了进行缓冲，铸造的DAI会少于667个。假设投资者铸造了500DAI，即抵押率为2（1 000÷2 = 500）。我们再来探讨两种情况。第一种，假如ETH价格上涨50%，抵押品价值变为1 500美元。因为ETH升值，投资者可以进一步提升贷款规模。为了维持200%的抵押率，投资者可以再铸造250DAI。

第二种，抵押品贬值时，情况会更有趣。假设ETH价格贬值25%，从200美元降至150美元。在这种情况下，抵押品的价值下降到750美元，则抵押率下降到1.5（750 ÷ 1.5 = 500）。

这时资金库持有者有3种选择。第一，可以增加合约中的抵押品数量（比如增加1ETH）。第二，可以用500DAI来偿还贷款，赎回5ETH。ETH的总价值缩水了250美元，但就算没有贷款，也会发生贬值。第三，由守护者（任何外部人员）清算贷款，在激励政策下，守护者会主动寻找符合清算条件的合约。守护者通过拍卖ETH，以换取足够的DAI还清贷款。如果使用这种方法，将出售3.33ETH，原先的资金库持有者收到返还的1.47ETH，守护者获得0.2ETH的奖励。最终，资金库持有者拥有价值500美元的DAI和价值220美元的1.47ETH。需要强调的是，我们这里的分析没有考虑交易费。

在这个过程中，有两股力量加强了DAI的稳定性：超额抵押和市场行为。在清算过程中，出售ETH，购买DAI，这对DAI产生了积极的价格压力。这个例子比较简单，没有涉及MakerDAO生态系统中的许多特性（如图6.1所示），特别是收费机制和债务限额，接下来我们进行进一步讨论。

MakerDAO生态系统的健康程度，关键取决于DAI与美元保持1∶1的挂钩。这需要各种机制协同工作，以激励需求和供应，推动价格向锚定物对齐。维持挂钩的主要机制是债务上限、稳定费和DAI储蓄利率（DAI Saving Rate，简写为DSR）。这些参数由治理代币Maker（MKR币）和MakerDAO的持有者联合管理，我们将在后文展开讨论。

稳定费基于一个可变的利率，资金库持有者铸造完DAI后，需要使用DAI支付铸造费用。可以提高或降低（甚至是负值）稳定费利率，以激励产生或偿还DAI，从而维持其价格与美元锚定。稳定费为DSR提供资金，和稳定费利率一样，DSR也是可调的。

```
           抵押              铸造
  5 ETH  ──────→  资金库  ──────→  500 DAI
（1 ETH=200美元）（智能合约）    （1 DAI=1美元）

抵押品价值（5 ETH）=1 000美元

| 333 | 167 | 500 |
超额抵押 缓冲区 铸造500 DAI

抵押率　：150%
最多贷款：1 000/1.5=667 DAI
实际贷款：500 DAI
```

场景1　ETH 升值50%　200美元→300美元

抵押品价值（5 ETH）=1 500美元

| 500 | 250 | 250 | 500 |
超额抵押　新缓冲区 额外贷款 之前铸造的500 DAI

抵押率　：150%
最多贷款：1 500/1.5=1 000 DAI
实际贷款：500 DAI→（抵押率300%）
额外贷款：250 DAI
新贷款：750 DAI→（抵押率200%）

场景2　ETH 贬值25%　200美元→150美元

抵押品价值（5 ETH）=750美元

| 250 | 500 |
超额抵押　之前铸造的500 DAI

抵押率　：150%
最多贷款：750/1.5=500 DAI
实际贷款：500 DAI→（抵押率150%）

清算：

守护者卖出 3.33 ETH = 500 DAI
（清偿债务）

守护者得到0.2 ETH
（清算奖励）

资金库持有者得到：1.47 ETH=220美元
　　　　　　　　　　500 DAI=500美元
　　　　　　　　　　―――――――――――
　　　　　　　　　　720美元*

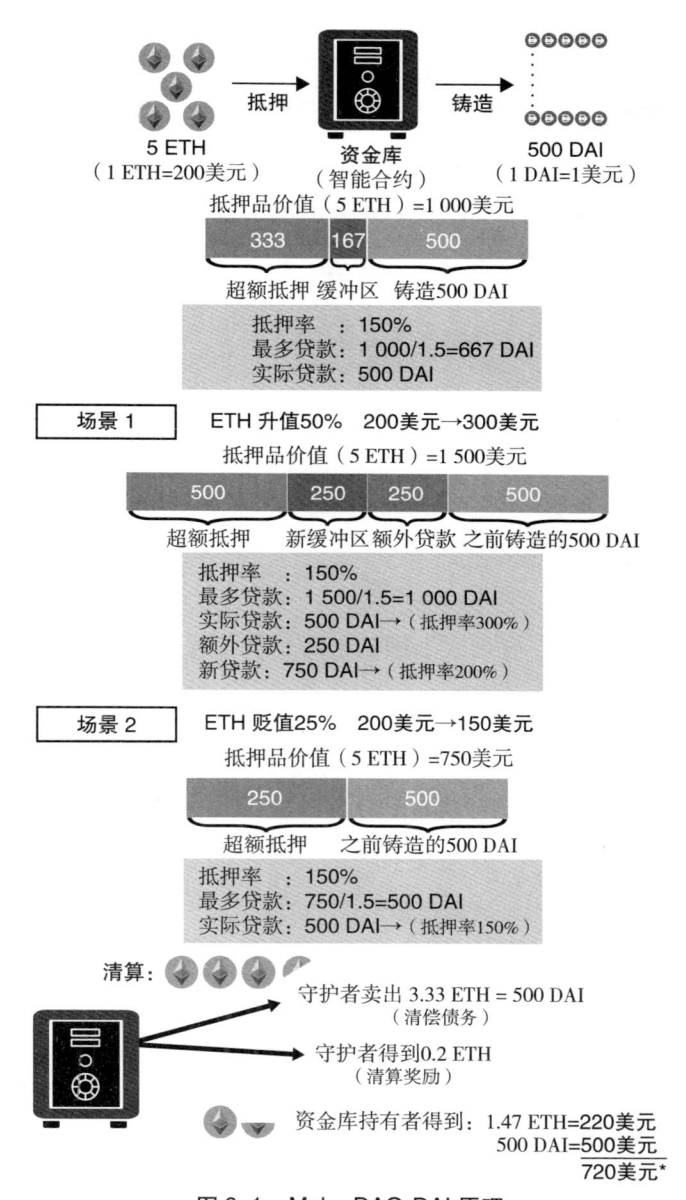

图 6.1　MakerDAO DAI 原理

* 不考虑交易费。

持有 DAI 的话，就可以收取存款利息。DSR 在每个区块的基础上复利。智能合约强制规定，稳定费必须始终大于或等于 DSR。传统金融体系中的类似情况是，贷款利率总是高于存款利率。最后，在智能合约的约束下，DAI 的债务上限可以进行调整，便于调节供应以满足不同的需求水平。如果协议处于债务上限，在偿还债务或提高债务上限之前，不能铸造新的 DAI。

为了维持在清算门槛的红线以上，用户可以向资金库存入更多的抵押品，以保证抵押安全。如果头寸低于清算比例，守护者可以启动拍卖（即出售部分 ETH 抵押品[6]），来清算头寸并核销债务。清算罚金（liquidation penalty）按债务的百分比计算，从关闭头寸所需的金额和抵押品中扣除。

拍卖结束后，剩余的抵押品都将物归原主。清算惩罚是对市场参与者的激励，可以鼓励守护者监测资金库，并在头寸抵押不足时触发拍卖。如果抵押品贬值特别多，以至于无法偿还所有 DAI 债务，系统就会关闭这个头寸，协议将产生协议债务（protocol debt）。平台专门设置了 DAI 缓冲池，可以覆盖一定的损失，这个预防方案涉及治理代币 MKR 和治理系统。

MKR 币控制着 MakerDAO。代币的持有者有权对协议升级进行投票，升级包括是否采纳新类型的抵押品和调整抵押率等参数。人们期望 MKR 持有者能做出合理的决策，使平台利率处于最合适的水平。MakerDAO 激励 MKR 持有者的方法是，平台如果能发展壮大，股东的股本价值也会增长。举个不好的例子，由于治理不善，缓冲池可能不足以偿还协议债务。如果其他偿还债务的方法都失败了，还可以尝试统一结算（global settlement）。在这个方法中，拍卖新铸造的 MKR 币以兑换 DAI，再用 DAI 偿还债务。统一结算稀释了 MKR 的份额，所以利益相关方会尽力将协议债务保持在最低水平，避免发生统一结算。

MKR 持有者是影响 MakerDAO 发展的小集体。提案和相应的投票决策，能直接改变平台的参数。其他修改参数的途径包括引入新种类的抵押品、升级系统的功能。例如，MKR 持有者可以通过投票让平台给自己支付股息，股息资金源自资金库持有者支付的稳定费利率和 DAI 储蓄利率之间的差额。用户需要权衡股息奖励和可能产生的社区负面影响（例如，可能会引发权力寻租），负面影响进而可能会波及协议和 MKR 币，造成不良后果。

DAI 对用户的吸引力来自几个方面。其中最重要的是，用户可以购买和使用 DAI，而不必在资金库中自己生成 DAI，只要在交易所购买就可以。普通用户不用知道生产 DAI 的原理。储户通过 DAI 的储蓄率，使用协议就能赚取 DAI。对技术和金融更了解的用户，可以使用 MakerDAO 门户网站来生成资金库并创建 DAI，以获得其资产的流动性，而无须出售。出售 DAI 并购买更多的抵押资产，这样获得杠杆也是很容易。

DAI 有一个明显的缺点，它的供应受制于对 ETH 抵押债务的需求。没有明确的套利闭环维持美元挂钩。例如，稳定币 USDC 总是可以在 Coinbase 交易所以 1 美元的价格无偿赎回。假设 Coinbase 有偿付能力，套利者存在万无一失的策略，他们可以在其他交易所折价购买 USDC 或溢价出售，然后在 Coinbase 赎回。这对 DAI 来说不成立。不必担心 DAI 的缺点，DAI 简单易用的特性使其可以方便地嵌入其他 DeFi 应用（如表 6.1 所示）。

表 6.1　MakerDAO 解决的问题

传统金融体系的问题	MakerDAO 的解决方案
中心化控制：美联储控制利率，法规和机构性政策控制贷款渠道	MKR 持有者开放透明地管理 MakerDAO 平台
低效：获得贷款耗时且成本高	贷款时间短，交易成本低
割裂：不能在智能合约中使用美元，或美元抵押的代币	发行 DAI，加密货币抵押型稳定币，与美元挂钩；DAI 可以用于任意智能合约和 DeFi 应用
不透明：借贷机构的抵押管理不清晰	清晰的资金抵押率，任何人可见

Compound

　　Compound 是一个借贷市场，它提供不同的 ERC-20 资产用于借款和贷款。市场中的所有代币都被汇集到一个资金池中，因此每个贷款人赚取相同的可变利率，每个借款人支付相同的可变利率。这里不涉及信用评级，而且由于以太坊账户具有假匿名性，在贷款违约的情况下强制执行还款几乎是不可能的。出于这个原因，所有贷款都是以不同于借出资产的资产进行过度抵押。如果借款人的抵押率低于一定水平门槛，其头寸就会被清算以偿还债务。守护者可以清算债务，类似于前文 MakerDAO 资金库的例子。

守护者每清算一笔债务，都会收到奖励。

抵押率是通过抵押品系数（collateral factor）计算的。平台上的每个 ERC-20 资产都有自己的抵押品系数，系数范围是从 0 到 90。抵押品系数为零，意味着这种资产不能作为抵押品。对于某种抵押品，它的抵押率等于 100 除以其抵押品系数。波动性大的资产通常抵押品系数较低，这是因为价格波动致使风险上涨，可能导致抵押品不足，因此必须提高抵押率。一个账户可以同时使用多种抵押品，此时计算抵押率的方法是用 100 除以不同抵押品系数的加权平均值（以共用代币计价）。

抵押率类似于传统银行的存款乘数（reserve multiplier），用于调节借出资金量和银行储备资金的平衡。例如，Compound 中偶尔会有比 MakerDAO 实际供应量更多的 DAI，这是因为用户在给其他补给方出借、补给或出售流动性。究其根本，所有 MakerDAO 的供应是由真实的抵押品支撑的，没有办法借到超过供应量的抵押品。

例如，假设一名投资者存入 100DAI，其抵押品系数为 90。此项交易对应的抵押率为 111%。假设 1DAI = 1 美元，投资者最多可以从 Compound 借出价值 90 美元的其他类型资产。如果借出金额达到最高上限，并且所借资产的价格上涨，导致抵押率下跌，那么该头寸就会被清算。假设该投资者还存入 2ETH，价格为 200 美元，其抵押品系数为 60。现在的总供应量为 500 美元，其中 80% 为 ETH，另外 20% 为 DAI。此时所需的抵押率应该等于 100 ÷ (0.8 × 60 + 0.2 × 90) = 151%（如图 6.2 所示）。

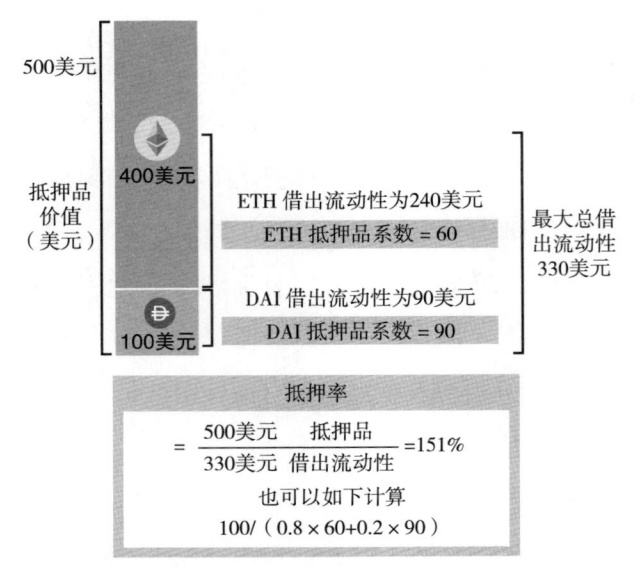

图 6.2　Compound 的抵押率

供给和借款利率在每个区块复利（以太坊上大约每 15 秒产生一个区块），利率也受市场利用率影响。利用率的计算方法为总借款额/总供应额。利用率是利率公式的输入参数之一。其余参数由 Compound 治理决定，我们将在后文详细介绍。

借款利率公式通常是递增的线性函数，其截距 y 被称为基准利率（base rate），表示借款需求为 0 时的借款利率，斜率（slope）表示利率的变化率。对于平台支持的各种 ERC-20 资产，这些参数都是不同的。某些市场的利率公式更为复杂，还存在一个拐点（kink），一旦越过拐点，斜率就会变陡。在拐点之前，利率公式可以用于降低借贷成本；超过了拐点，借贷成本增加，这样可以起到激励一定的流动性。

供给利率等于借款利率乘以利用率,好让出借账款完全覆盖供应方利率。储备金系数(reserve factor)是出借账款中的一部分资金寄存在储备金资金池的比例,这部分资金不付给供应方,而是作为借款人违约时的保险金。在价格急剧波动时,因为没有足够资金偿还供应方,许多头寸可能变为抵押不足。这种情况下,就需要使用储备金偿还供给方。

下面是一个关于利率机制的具体案例。在 DAI 市场,DAI 供应量为 1 亿,借出其中的 5 000 万。假设基准利率是 1%,斜率是 10%。当借出 5 000 万时,利用率为 50%。借款利率为 $0.5 \times 0.1 + 0.01 = 0.06$,即 6%。最大供给利率(假设储备金系数为 0)等于 $0.5 \times 0.06 = 0.03$,即 3%。如果储备金系数变为 10%,那么 10% 的借款利息就会划拨到 DAI 储备金中,供给利率降低到 2.7%。另一种考虑供给利率的方式是,借出 5 000 万,借款利率为 6%,等于 300 万的出借账款。将 300 万的账款分配给 1 亿名供应方,意味着每名供应方的利率为 3%。

对于涉及拐点的案例,情况稍微复杂一些。假设 DAI 的总供给量为 1 亿,借出 9 000 万 DAI,即 90% 的利用率。拐点位于 80% 的利用率,在拐点之前,斜率是 10%,拐点之后,斜率是 40%。这意味着如果超过 80% 的利用率,借贷利率会高很多。基准利率仍为 1%。借款利率 = 0.01(基准)+ 0.8×0.1(拐点前)+ 0.1×0.4(拐点后)= 13%。供给利率(假设储备金系数为 0)= $0.9 \times 0.13 = 11.7\%$(如图 6.3 所示)。

Compound 借贷市场的功能简单明了,它能让用户在不出售资

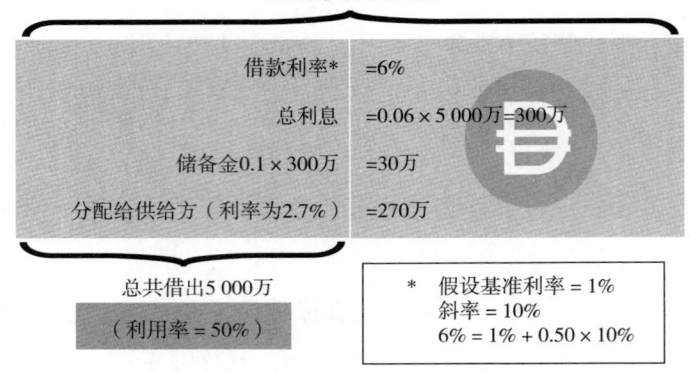

```
                    DAI总供应量为1亿
              ┌─────────────────────────┐
              │ 借款利率*        =6%                    │
              │ 总利息          =0.06×5 000万=300万     │
              │ 储备金0.1×300万  =30万                  │
              │ 分配给供给方（利率为2.7%） =270万        │
              └─────────────────────────┘
                总共借出5 000万    ┌─────────────────────┐
                （利用率=50%）     │ * 假设基准利率=1%    │
                                   │   斜率=10%          │
                                   │   6%=1%+0.50×10%    │
                                   └─────────────────────┘
```

图 6.3　Compound 的储蓄和借贷利率

产、不纳税的条件下（对于传统金融，按照美国现行规则，必须要纳税），释放资产价值，类似于房屋净值信贷额度。此外，人们可以使用借出资金作为多头或空头杠杆，合并后的利率具有竞争力，并且不用审批流程。例如，如果投资者看跌 ETH 价格，他可以存入稳定币作为抵押品，比如 DAI 或 USDC，然后借出并出售 ETH，以获得更多稳定币。如果 ETH 价格下跌，投资者可以用部分 DAI 低价购买 ETH 来偿还债务。Compound 提供了若干种价格有波动性和稳定性的代币，以适应不同投资者的风险偏好，并且还在不断加入新代币。

　　Compound 协议必须托管代币作为抵押，以维持平台自身的流动性，它还要跟踪用户在各个市场的股份。想要追踪合约内的数字是不可行的，但是，可以将用户的股份代币化。Compound 用 cToken 实现代币化，这是一个重大创新。

　　Compound 的 cToken 代币属于 ERC-20 类型，代表 Compound

底层市场中的股份。例如，cDAI 对应于 Compound 的 DAI 市场，而 cETH 对应于 Compound 的 ETH 市场。这两种代币都是按照底层市场的资金增减比例来铸造和销毁的，以此来追踪属于某个特定投资者的资金。因为要不间断地向供应方支付利息，这些代币的价值总是高于底层资产。将协议设计成这种方式，好处是 cToken 可以像正常的 ERC-20 资产那样进行独立交易。利用这一特性，其他协议只需持有 cToken 就能与 Compound 无缝集成，用户还可以用 cToken 直接参与其他投资机会，例如使用 cToken 作为 MakerDAO 资金库的抵押品。除了使用 ETH 作为抵押品，投资者还可以使用 cETH，赚取 ETH 抵押品的借贷利息。

举个例子，假设 Compound 的 DAI 市场有 2 000DAI，用总共 500cDAI 代表其所有权。cDAI 与 DAI 的比例不是固定的，也可以是 50 万 cDAI。在这个例子中，1cDAI 价值 4DAI，但随着市场中的利息逐渐累积，这个比值会发生变化。如果一名交易者存入 1 000DAI，供给就提升了 50%（如图 6.4 所示）。因此，Compound 协议又铸造了一半的 cDAI（即 250cDAI），并将其转入交易者的账户。假设利率为 10%，到年底将有 3 300DAI，交易者的 250cDAI 可以赎回 1/3 的 DAI，即 1 100DAI。交易者可以用 cDAI 代替 DAI，这样就不会闲置 DAI，而是通过 Compound 资金池赚取利息。例如，交易者可以将 cDAI 作为必需抵押品，在 dYdX 上建立永续期货头寸，或者使用 cDAI 交易对在 Uniswap 上做市。（dYdX 和 Uniswap 将在本章后面介绍。）

Compound 的功能涉及许多不同的参数，比如抵押品系数、储

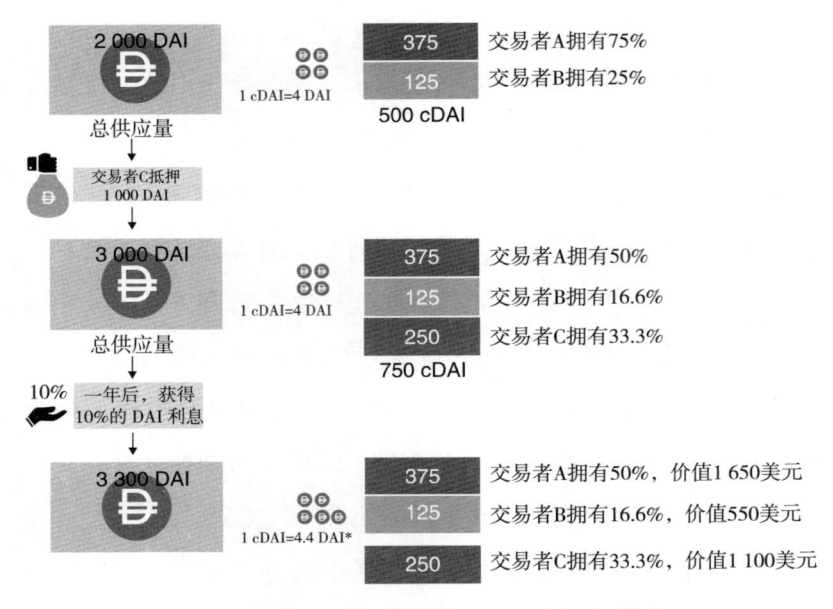

```
2 000 DAI
总供应量            1 cDAI=4 DAI    375  交易者A拥有75%
                                  125  交易者B拥有25%
                                  500 cDAI

交易者C抵押
1 000 DAI

3 000 DAI
总供应量            1 cDAI=4 DAI    375  交易者A拥有50%
                                  125  交易者B拥有16.6%
                                  250  交易者C拥有33.3%
                                  750 cDAI

10%  一年后，获得
     10%的DAI利息

3 300 DAI          1 cDAI=4.4 DAI*  375  交易者A拥有50%，价值1 650美元
                                   125  交易者B拥有16.6%，价值550美元
                                   250  交易者C拥有33.3%，价值1 100美元
```

图 6.4　Compound 权益代币（cToken）原理

* 表示利息进入资金池后，汇率发生变化。

备金系数、基准利率、斜率和拐点，这些参数都可以调整。能够调整这些参数的机构是 Compound 治理委员会，它能改变参数、增加新市场，冻结抵押或借款，甚至升级合约代码。但是，Compound 治理委员会不能窃取资金或阻止用户提款。在 Compound 的早期阶段，治理是由开发者管理员掌控的，与科技创业公司差不多。与大多数 DeFi 协议一样，Compound 的终极发展目标是取消开发人员的管理特权，由 DAO 通过治理代币进行治理。治理代币可以让代币持有者和社区成员都加入 Compound 治理的集体，一同参与升级方案或参数调整。需要强调的是，实施任何变动都需要满足仲裁一致性。[7]

Compound 在 2020 年 5 月通过 COMP 代币推出了这个治理体系。COMP 用于对修订协议进行投票，比如调整参数、新增资产类型和升级功能（类似于 MakerDAO 的 MKR）。2020 年 6 月 15 日，平台通过了第七个治理提案，该提案规定根据各个市场的借款额度向平台用户分配 COMP 代币。[8] 这个提案非常像科技公司给用户发放股票。将 COMP 代币分配给供应方和借款方，起到了补贴费率的作用。随着代币在公开市场上发布，COMP 的市值已经飙升至 20 亿美元以上。投资分摊的回报如此之高，以至于从大多数市场借出 COMP 都能赚钱。套利机会如此之大，也为平台吸引了可观的资金，管理社区为此专门制定通过了几个提案，对 COMP 加以管理。

表 6.2 Compound 解决的问题

传统金融体系的问题	Compound 的解决方案
中心化控制：机构控制借款和贷款利率	Compound 利率由算法控制，由 COMP 持有者管理市场参数
渠道窄：很难获得高收益的投资机会和低廉借款	可以低价获得借款和借贷，由算法控制利率（目前由 COMP 分配进行补贴）
低效：不是最优借款和贷款利率，导致成本上涨	算法统一优化利率
割裂：不能调整头寸，以用于其他投资机会	cToken 代币化头寸可以将静态资产转化为收益型资产
不透明：借贷机构的抵押管理不清晰	透明的抵押率，任何人可见

任何平台用户都不能关闭 Compound 协议，只要以太坊存在，Compound 协议就会一直留在以太坊上。其他平台可以很容

第六章 深入理解 DeFi

易地在 Compound 中托管资金，为其用户赚取利息或实现新颖的商业模式。PoolTogether[9]是一个无损彩票[10]游戏，它将所有用户的资金存入 Compound，每隔一段时间，就将所有从资金池赚取的利息支付给一位幸运儿。Compound 之所以成为 DeFi 的重要平台，在于它简单易用、能即时赚取收益、贷款便捷（如表 6.2 所示）。

Aave

2017 年推出的 Aave[11]是类似于 Compound 的借贷市场协议，它的功能更加强大。在 Aave 中，供给和出借的代币种类多于 Compound。2021 年，Compound 提供了 9 种不同的代币（不同的 ERC-20 代币），除了这 9 种代币，Aave 还有另外 13 种代币。因为不涉及补贴，Aave 的贷款和借款利率更容易预测，与 Compound 中价格波动的 COMP 代币区别明显。

使用 Aave 协议，可以建立全新的市场。每个市场都有专属的代币资金池，资金池有与其相应的供给和借款利率。创建独立市场的好处是，每个市场支持的代币只在该市场作为抵押品，影响不到其他市场，债务违约不会发生传染。

目前，Aave 有两个主要市场。第一个使用更传统的 ERC-20 代币，与 Compound 类似，支持 ETH、USDC 和 DAI 等资产。第二个市场专门用于 Uniswap LP 代币。例如，当用户将抵押品存入 Uniswap 市场（即流动性池）时，用户会收到 LP 代币，表示对市场的所有权。LP 代币可以存入 Aave 的 Uniswap 市场，赚取更多收益。

Aave 的所有市场还支持闪电贷款，它是许多小币种的唯一闪电贷款来源。对于闪电贷款，Aave 收取贷款金额的 9 个基点的费用。该费用支付给资金池，作为供给方的投资收益，因为他们都拥有一定比例的资金池份额。闪电贷款的重要用途之一，是能让用户快速获得资金，作为头寸融资的手段。这一功能对 DeFi 来说至关重要，它既是通用的基础功能，对于提升用户体验也是不可缺少的。

我们再讲一个案例，假设 ETH 的价格是 200DAI，一名用户向 Compound 抵押了 100ETH，借出了 10 000DAI 作为杠杆，用于再购买 50ETH。然后，用户把这 50ETH 也抵押给了 Compound。假设 Compound 的 DAI 借款利率为 15%，而 Aave 只有 5%。接下来的目标是利用 Aave 的低利率，继续融资用于借款。这类似于抵押贷款的再融资，在传统金融体系中，再融资的过程耗时长，费用也高。

一种方法是手动回撤 Compound 上的每笔交易，然后在 Aave 上重做两笔交易，重建杠杆头寸，但这么做需要花费不低的交易费。更简单的方法是向 Aave 申请 10 000DAI 的闪电贷款，用它偿还 Compound 上的债务，提取全部的 150 ETH，再供给 Aave，并针对该抵押品触发普通 Aave 借款头寸（年利率为 5%），来偿还闪电贷款（如图 6.5 所示）。后一种方法跳过了将 ETH 兑换成 DAI 的步骤，免去了回撤和二次杠杆的操作。

第六章　深入理解 DeFi

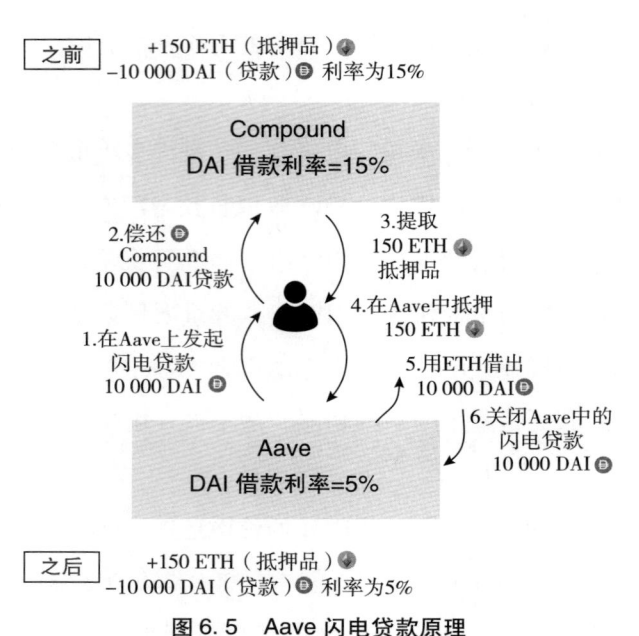

```
之前   +150 ETH（抵押品）
       -10 000 DAI（贷款）  利率为15%
```

```
            Compound
          DAI 借款利率=15%

  2.偿还              3.提取
  Compound          150 ETH
  10 000 DAI贷款     抵押品
                    4.在Aave中抵押
  1.在Aave上发起      150 ETH
  闪电贷款
  10 000 DAI         5.用ETH借出
                    10 000 DAI
                    6.关闭Aave中的
                      闪电贷款
                      10 000 DAI
            Aave
          DAI 借款利率=5%
```

```
之后   +150 ETH（抵押品）
       -10 000 DAI（贷款）  利率为5%
```

图 6.5　Aave 闪电贷款原理

正如这个例子所示，用于再融资的闪电贷款为 DeFi 用户应用敞开了方便之门，用户只需按下按钮就能将杠杆头寸从一个 dApp 迁移到另一个。这些应用甚至可以依据年利率，优化竞品的投资组合，这些竞品包括 Maker DSR（DAI 储蓄利率）、Compound、dYdX 和 Aave。

Aave 的创新（截至 2021 年，只有 Aave 提供这项服务）是一种稳定利率贷款。注意，贷款利率是稳定的，但不是固定的。借款人可以在可变利率和稳定利率之间自主选择。因为存在特殊情况，比如所有借款人都离场，不可能为固定供给利率提供资金，所以供给利率是可变的。供应方总是整体性赚取稳定和可变的借款利息账款的总和，再扣除平台的费用。

使用稳定利率而不是固定利率，是因为在极端的流动性紧缩情况下，可以调整利率，如果市场条件允许，还可以以较低的利率融资。另外，对于在特定的稳定利率下可以抽取多少流动性，存在一些限制。基于算法的稳定借贷利率很受风险厌恶型投资者欢迎，如果头寸利率可变，会产生投资风险。

Aave 正在研发**信用委托**（credit delegation）功能，用户使用这个功能可以将抵押品分配给潜在的借款人，后者可以用来借贷资产。分配没有担保，全凭信任，这个功能允许无抵押贷款，与传统金融体系中的做法一样，可以刺激提升流动性。信用委托协议可能需要交易费和信用评分，以弥补无担保贷款的风险。最终，委托人可以全权决定谁是满足条件的借款人，以及制定什么合同条款。关键的一点，可以通过智能合约制定信用委托协议。另外，委托的流动性可以交给一个智能合约，由合约完成预期功能。信用委托的好处是，Aave 中的所有贷款都有抵押品，不用考虑抵押品是谁的。

举个例子，一名供给者在 Aave 中存储了 40 000DAI，用于赚取利息。这名供给者想通过将他的抵押品无担保地委托给一名可信的交易者，来增加收益。供给者可能是通过链外关系，或许是银行客户，认识对方。借款人可以继续借款，比如 100ETH，他承诺将资金还给供应商，并支付二人商定的利息。但是，双方的关系是不安全的，因为交易没有任何担保，纯粹依靠信任。

总而言之，Aave 的几项创新是 Compound 和其他竞品不具备的。Aave 的闪电贷款，尽管不是独树一帜，却能给投资者带来更多收益，激励投资者提供更多的流动性。这些功能还吸引了平台上的套利者，和其他需要闪电贷款流动性的用户。稳定的借贷利率是一项重要创新，Aave 是目前唯一提供这种服务的平台。这一功能对于那些厌恶风险，需要降低价格波动性的交易者非常重要。

最后，信用委托能让用户进一步释放抵押资产的价值，通过传统市场、智能合约和信用评分弥补风险。信用委托能让贷款出借方以非同质化以太坊资产的形式获得抵押品，可以是 Aave 主协议不支持的代币化艺术品或房地产。随着 Aave 不断创新，该平台的流动性会越来越高，用途会变得更广泛（如表 6.3 所示）。

表 6.3 Aave 解决的问题

传统金融体系的问题	Aave 的解决方案
中心化控制：机构控制借款和贷款利率	Aave 利率由算法控制
渠道窄：只有部分人群有机会接触大额资金，进行套利和再融资	闪电贷款将流动性大众化，任何人都可以用闪电贷款套利
低效：不是最优借款和贷款利率，导致成本上涨	算法统一优化利率
割裂：无法使用借贷头寸中的过剩抵押变现盈利	信用委托能让交易方在不出借流动性的条件下使用抵押品
不透明：借贷机构的抵押管理不清晰	透明的出借抵押率，任何人可见

去中心化交易所

Uniswap

Uniswap 是以太坊上主要的 AMM 之一。[12] 接下来，我们将重点讨论 Uniswap v2。近期，Uniswap 推出了第三版，即 Uniswap v3，我们也将在后文讨论。Uniswap v2 使用常数乘积规则来确定交易价格，使用公式 $k = x \times y$，其中 x 是资产 A 的数额，y 是资产 B 的数额。乘积 k 是不变的，当供给的流动性水平一定时，k 保持固定。为了买入（提取）一些 x，必须卖出（存入）一些 y。因此价格为 x/y，这是无风险价格，因为只要**恒定系数**（invariant）k 不变，合约同样会以这个比率买入或卖出。

我们来看一个具体的例子（如图 6.6 所示）。简单起见，所有的示例都忽略交易费。假设投资者在 Uniswap 的 USDC/DAI 市场有 4DAI（资产 A）和 4USDC（资产 B）。因此即时汇率为 1DAI：1USDC，恒定系数为 16（即 $x \times y$）。为了卖出 4DAI 换取 USDC，投资者将 4DAI 存入合约并提取 2USDC。则 USDC 的余额是 4 − 2 = 2，DAI 的余额是 4 + 4 = 8，恒定系数保持在 16。注意，现在的兑换汇率是 2DAI：1USDC。汇率的变化是由于市场流动性较低造成的偏移。恒定系数的大小决定了偏移的大小。我们进一步延伸这个例子，假设合约中的数额是 100DAI 和 100USDC。现在恒定系数是 10 000，汇率是 1：1，和前面相同。为了维持恒定系数不变，如果投资者卖出 4DAI 换取 USDC，现在可以提取 3.85USDC，偏移小得多，则兑换汇率为 1.04DAI∶1USDC。

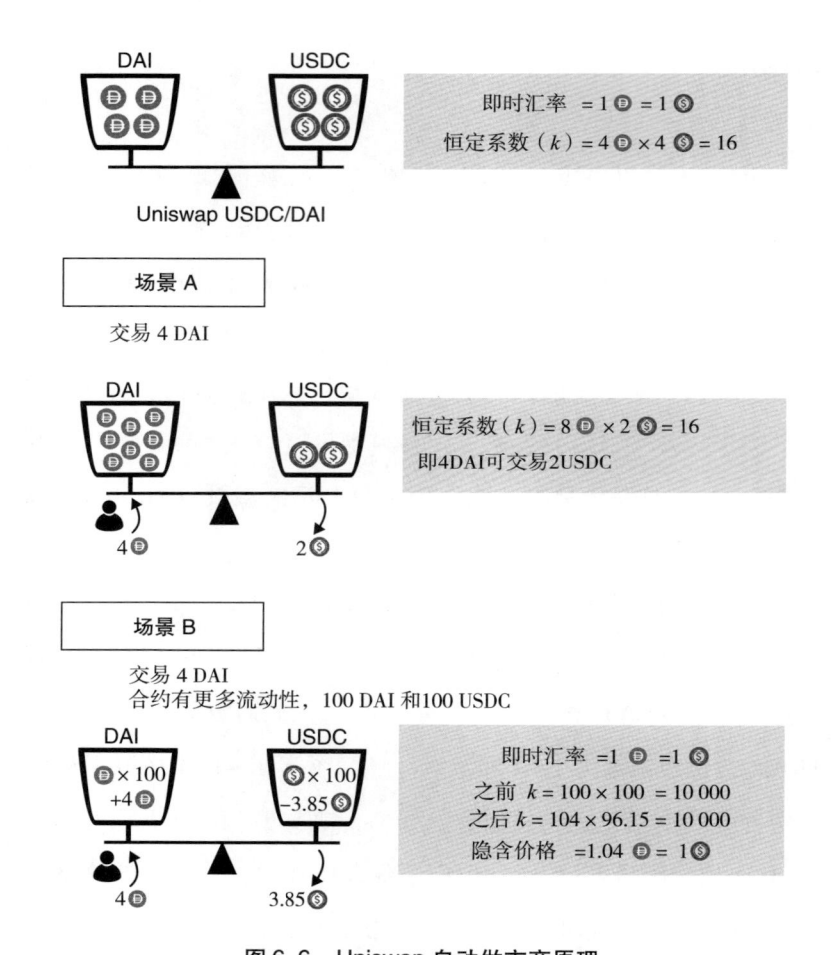

图 6.6　Uniswap 自动做市商原理

高流动性有助于降低汇率偏移。因此，对于 Uniswap，激励存款人向特定市场提供资金是非常重要的。任何人都可以通过以当前汇率向市场双方提供资产，成为流动性提供者。[13]交易对两边都增加供给，资产量的乘积也就得到了提升（即增加了做市商公式中的恒定系数）。按照前面的例子，较高的恒定系数会导致较小的偏移，有效流动性也越高。我们可以认为，恒定系数是对流动性的直接衡量。总之，提供流动性可以增加恒定系数，但对价格没有影响，而市场交易会影响价格，但不影响恒定系数。

Uniswap 市场中的每笔交易都有 0.3% 的交易费，这些费用会返还到资金池中。流动性提供者根据他们对流动资金池的贡献比例赚取这些费用，因此他们更倾向于高容量的市场。这种赚取交易费的机制与 Compound 的 cToken 模式相同。所有权股份由一个类似的代币表示，即 UNI 代币。例如，代表 DAI/ETH 池中所有权的代币是 UNI DAI/ETH。

Uniswap 中的流动性提供者基本上是按照提供给市场交易量的比例赚取被动收入。但在退出时，底层资产的汇率大概率会发生变动。这种变化导致波动的机会成本（即非固定损失），因为流动性提供者本可以持有底层资产不动，就能从价格波动中获利。从交易量中赚取的费用必须超过非固定损失，才能使流动性提供者获利。因此，像 USDC/DAI 这样的稳定币交易对，对流动性提供者来说具有吸引力，因为资产关系紧密、价格波动小，可以使非固定损失最小化。

即便不清楚资产的兑换关系，Uniswap 的 $k = x \times y$ 定价模型效果也很好。在流动性水平相同的情况下，该模型计算出的任意两个交易对的偏移都是相同的。但在实践中，稳定币交易对的偏移比 ETH 交易对的偏移小得多,这是因为我们从机制设计中知道,稳定币的价格应该接近 1 美元。因为稳定币交易对没有像预期那样减少偏移(改变联合曲线的形状),Uniswap 定价模型为稳定币等高相关性交易对的套利者预留了资金,相应地扣除了流动性提供者的利润。基于这个原因,专门从事高相关性交易对的 AMM 竞品,如 Curve[14],可能会蚕食这些类型的 Uniswap 市场的流动性。

如果没有想要的交易对,任何人只需提供交易对双方的资金,就可以在 Uniswap 上开启 ERC-20/ERC-20 或 ETH/ERC-20 交易对。[15]用户决定初始汇率,如果存在价差,套利者就会将该价格推向真正的市场价格。如果没有直接交易对,平台用户通过使用**路由合约(router contract)**,找到偏移最小的交易路径,就可以交易任意两个 ERC-20 代币。

AMM 模型有一个缺点,它特别容易受到抢先交易的影响。值得注意的是,这里不要与传统金融体系中的非法抢先交易混为一谈。区块链的特点之一,是所有交易都是公开的。也就是说,当以太坊用户向内存池发布交易时,交易对所有以太坊节点都是公开可见的。抢先交易者看到了这个公开交易,并发现交易费很高。只要交易尚未打包进入区块,他就可以立即对该交易进行反向交易。抢先交易的收入,来源于用户的花销,从 2017 年抢先交易首次出现时的几十万美元,[16]到 2021 年中期增长到几亿美元。[17]大额交易尤其容易受到抢先交易的影响,特别是在流动性差、价格偏移高的市场。出于这个原因,Uniswap 允许用户在交易条款中设定最大偏移。如果超过可接受的偏移水平,用户将无法执行交易。[18]

这限制了抢先交易者的收益，但不能从根本上解决问题。

AMM 的另一个缺点是，套利者拿走了所有套利利润，但他们对平台没有贡献，没有既得权益。套利者的利润是以牺牲流动性提供者为代价的，流动性提供者不应该失去正常做市情况下本应赚取的价差。竞品平台 Mooniswap[19] 的解决方法，是通过提供慢慢接近真实价格的虚拟价格，给套利者的时间窗口更紧、价差更低。其余的价差仍留在流动性提供者的资金池中。

Uniswap 提供了一个有趣的功能，称为**闪电互换（flash swap）**，类似于闪电贷款。在闪电互换中，合约在用户用交易对另一端的资产支付代币之前发送代币，这为套利者解锁了许多机会。用户通过部署这种即时流动性，在偿还资产之前，从其他交易所以折扣价购买这种资产。为了维持恒定系数，用户必须偿还相应数量的另一种资产。闪电互换中的灵活性与闪电贷款不同，后者要求用同一类型资产进行偿还。需要注意的是，闪电互换的所有交易必须在同一个以太坊交易中进行，并且交易必须以该市场中相应数量的互补资产来结束。

我们用 DAI/USDC 市场举例。假设两种资产的供给量均为 10 万（如图 6.7 所示）。则兑换汇率为 1：1，恒定系数为 100 亿。一位没有启动资金的交易者发现了套利机会，在某个 DEX 能以 0.95 美元的价格购买 DAI。交易者可以通过闪电互换来做套利，他用闪电贷款从 DAI/USDC 市场提取 950 美元的闪电流动资金，通过套利机会交易购买 1 000DAI，并偿还 963DAI，赚取 37DAI 的收益。所有这些操作，都是在没有初始资金的情况下完成的。简单起见，我们还要考虑一定的价格偏移，用 960 替代 963 进行计算，支付给资金池的交易费为 0.30%×960＝3DAI。

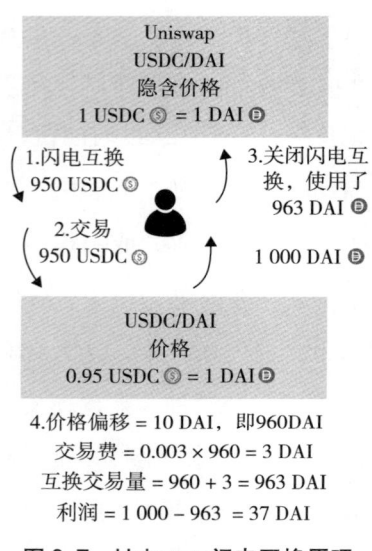

```
                    Uniswap
                    USDC/DAI
                     隐含价格
                  1 USDC Ⓢ ＝ 1 DAI Ⓓ

        1.闪电互换              3.关闭闪电互
        950 USDC Ⓢ              换，使用了
                                 963 DAI Ⓓ
           2.交易
        950 USDC Ⓢ              1 000 DAI Ⓓ

                    USDC/DAI
                      价格
                 0.95 USDC Ⓢ ＝ 1 DAI Ⓓ

            4.价格偏移 ＝ 10 DAI，即960DAI
              交易费 ＝ 0.003×960 ＝ 3 DAI
              互换交易量 ＝ 960＋3 ＝ 963 DAI
              利润 ＝ 1 000－963 ＝ 37 DAI
```

图 6.7 Uniswap 闪电互换原理

Uniswap 在 2020 年 9 月发布了名为 UNI 的治理代币。同 COMP（Compound 的治理代币）类似，UNI 分配给用户，以激励核心资金池的流动性，包括 ETH/USDC 和 ETH/DAI。UNI 治理层对代币分配有一定的控制权，未来 4 年，供应量中 43% 的资金将归属到 UNI 治理层控制的资金池。此外，在某个截止日期之前曾使用过 Uniswap 的每个独立的以太坊地址（总共超过 25 万个），都可以得到 400UNI 代币的免费"空投"（airdrop）。在空投的同时，UNI 在 Uniswap 和 Coinbase Pro 开放交易。UNI 开盘价格为 3 美元，总市值超过 5 亿美元，相当于给每名用户直接赠送 1 200 美

元。流动性如此泛滥，极有可能导致销售压力，致使代币价格下跌。但是事实正好相反，代币价格飙升至 8 美元以上，然后稳定在 4～5 美元范围。通过 UNI，Uniswap 高效地完成了资金众筹，扩展了业务，估值在短时间内达到了独角兽企业级别。这展示了社区对代币和平台的重要性，因为大部分供应量仍由收到空投的用户持有。

　　Uniswap 是很有独创性的，作为佐证，Sushiswap 借鉴了 Uniswap 的模式。[20] 并且，Balancer[21] 也向 CFMM 展示，单个流动性资金池可以支持两个以上的市场。此外，在 Uniswap 中还可以对资产施加杠杆。[22] 最后，资金池的创建者可以设定交易费用。

　　截至 2021 年 3 月，Uniswap 团队发布了 Uniswap 协议的时间表和升级计划。在 Uniswap v3 中，Uniswap 团队对协议的流动性供应模式提出了几项修改，不再使用前文描述的恒定公式，而是使用类似于链上限价订单簿的模式。[23] 这一变动增加了 Uniswap 的灵活性，能让用户和流动性提供者自定义联合曲线，更自由地管理流动性头寸，掌控收益。Uniswap v3 已于 2021 年 5 月 5 日推出，近期，v3 的交易量已经超过 v2 的交易量。[24]

　　Uniswap 是 DeFi 应用的重要组成之一，随时待命可供交易的交易所，对整个平台不可或缺。Uniswap 采用的方法很独特，它通过流动性提供者为用户的资产创造收益。闪电互换功能有助于套利者维持高效运转的市场，为用户解锁新场景，用户可以使用所有上市的 ERC-20 代币，甚至通过 IDO 创建全新的代币。随着以太坊上 AMM 交易额越来越高，竞品平台越来越多，Uniswap 仍将是 DeFi 中的范式之一（如表 6.4 所示）。

表 6.4　Uniswap 解决的问题

传统金融体系的问题	Uniswap 的解决方案
中心化控制：交易所控制交易对	任何人都可以创建不存在的新交易对，如果没有直接交易对，通过路由合约自动寻找最佳交易路径
渠道窄：只对大型机构开放最佳投资机会和流动性收益	任何人都可以成为流动性提供者，并赚取交易费；任何项目都可以将代币上架 Uniswap，供投资者投资
低效：交易通常需要交易双方同时参与	AMM 可以使交易按照合约不间断进行
割裂：在金融应用中，很难交易其他交易所的资产	DeFi 应用可以使用 Uniswap 进行代币互换
不透明：不确定是否交易所控制了用户资产	流动性透明，由算法参与定价

衍生品

收益协议

收益协议（yield protocol）[25]提出了一种有担保的零息债券的衍生品模型。究其根本，收益协议将 yToken 定义为 ERC-20（同质化）代币，在指定日期以固定数额的目标资产进行结算。合约指定了代币（具有相同的到期日）、目标资产、抵押资产和抵押率，都是同质化资产。它们由抵押资产作担保，必须维持一定的抵押率，类似于 MakerDAO 和前文讨论过的其他 DeFi 平台。如果抵押品的价值达不到门槛，则可以通过出售部分或全部抵押品来清偿债务。

yToken 的结算机制仍未最终敲定，有人提出了"现金"结算的提案，做法是支付与指定额度目标资产的等价值的抵押资产。举个例子，如果目标资产是由 300DAI 担保的 1ETH，到期时 1ETH=200DAI，现金结算将支付 200DAI，将多余的 100DAI 抵押品返还给 yToken 卖家。另一个呼声较高的提案是"实物"结算，在到期时自动出售目标资产的抵押品（可能是通过 Uniswap），来结清目标资产。我们使用与之前案例相同的数字，yToken 所有者将收到 1ETH，卖家将收到略少的剩余抵押品，减去交易所费用后大约有 95DAI。基于对目标资产折现价格的隐含回报，yToken 可以高效执行固定利率的借款和贷款。

举例说明如下。假设用户持有 yToken，目标资产为 ETH 支撑的 1DAI。到期日是一年后，yToken 的交易价格是 0.92DAI。即使在清算的情况下，买入 yToken 也可以有 8.7% 的固定利率。在正常清算的情况下，抵押品将被出售以弥补头寸，如图 6.8 所示。

除了现金和实物结算，第三种结算方式是"综合"结算。在这种方式下，抵押资产不是被直接偿还，而是滚入借贷平台（例如 Compound）上的同等金额的资产池中。综合结算意味着可以用 cDAI 结算 yDAI，将固定利率转换为浮动利率。买方可以随意平仓并将 cDAI 赎回为 DAI。收益协议负责处理所有这些兑换，因此用户只是和目标资产打交道。

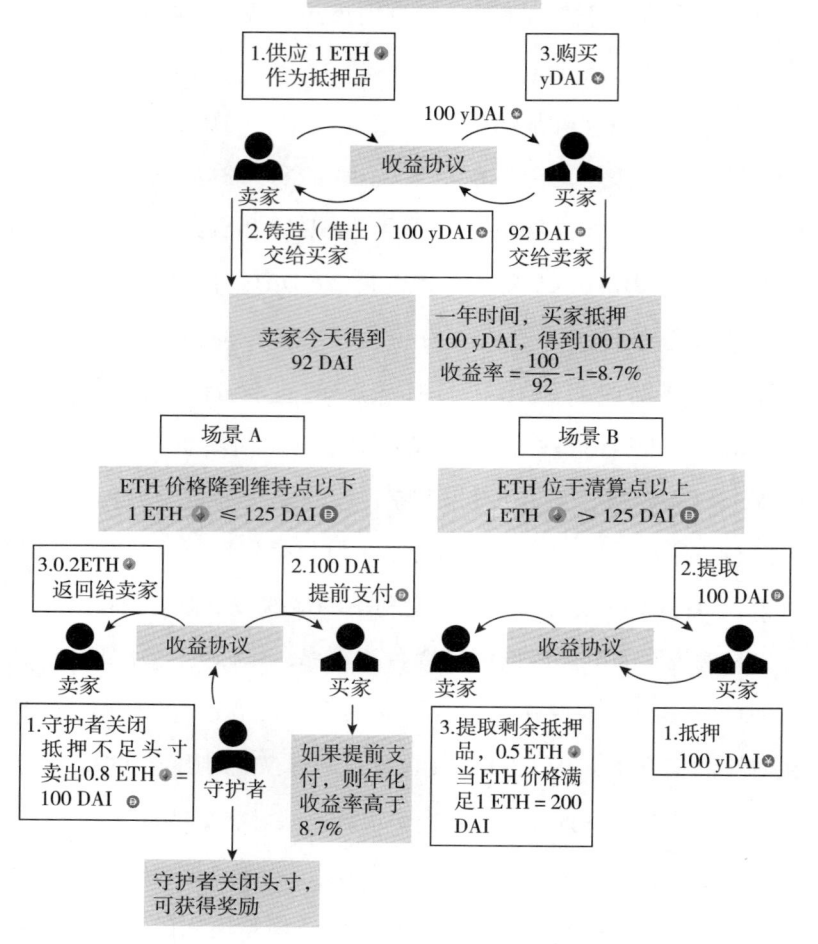

图 6.8 收益协议固定利率借款原理

在收益协议白皮书中,[26]作者从投资者的角度讨论了应用场景。投资者可以通过购买 yToken，以综合结算的方式借入目标资产。投资者现在要支付 X 金额的目标资产来购买 yToken。结算时，投资者收到的是 X 加上利息。这种金融交易实际是对目标资产的借贷。需要强调的是，利息是隐含在定价中的，而不是直接指定的值。另外，用户可以铸造和出售 yToken，以借入目标资产，那么用户现在收到了 X 金额的目标资产（面值），并承诺在未来支付 X 加上利息。这种金融交易实际上是对目标资产的借用。

其他应用包括在 yToken 之上的永久产品，它保持不同期限的投资组合，并将短期利润滚动到长期的 yToken 合约中。举个例子，该投资组合可能包括 3 个月、6 个月、9 个月以及 1 年期 yToken。当 3 个月期的代币到期，智能合约可以将余额再投资到 1 年期 yToken。该基金的代币持有者感受到的是底层资产的浮动利率收益，每 3 个月更新一次利率。使用 yToken，还可以通过分析短期和长期合约的隐含收益，来构建收益曲线。观察者进而能量化投资者对各种目标资产的情绪。

收益协议还可以用来推测利率。某些 DAI 衍生品，比如 Compound cDAI、Aave aDAI 和 Chai[25]，代表可变利率。假设一位 yDAI 卖家使用这些 DAI 衍生品中的一种作为抵押品。卖家享受抵押品可变利率的同时，只需支付 yDAI 的固定利率。这是预期利率必将上升。同样地，买入 yDAI（任何抵押品类型），是押注可变利率不会超过固定利率。

收益协议的重要性在于，它可以向以太坊提供固定利率的产品。它可以与其他协议进行整合，比如 MakerDAO 和 Compound，为投资者创造功能强大的利息产品。随着主流投资者开始采用 DeFi，市场会需要这些类型资产的投资组合，会越来越多地用到固定收益（如表 6.5 所示）。

表 6.5 收益协议解决的问题

传统金融体系的问题	收益协议的解决方案
中心化控制：固定收益工具只限于政府和大型公司	收益协议对所有人开放
渠道窄：对于投资者，复杂固定收益投资的交易渠道有限	任何人都能以目标资产买卖固定收益资产
低效：基于复杂的传统金融体系，固定收益率低	以太坊体系精简，没有中介，利率更有竞争性，资金池流动性更多样
割裂：固定收益产品通常以现金结算，投资者必须再次进行处理	yToken 能结算任意以太坊目标资产，还能用浮动利率借贷协议组合结算，收益更高
不透明：传统交易具有风险和交易对手不确定性	基于以太坊区块链投资，抵押公开透明

dYdX

dYdX[26] 专注于衍生品和保证金交易，除了 ETH 和比特币，它还支持多种加密货币。dYdX 公司有一家现货 DEX，使用链上链外的混合方法，可以让投资者根据当前订单簿上的买入卖出价格交易资产。dYdX 的作用相当于存储已签署或预先批准的订单，而不是提交给以太坊。dYdX 使用密码学来保证这些资产只用于以期望的价格交易目标资产。DEX 支持限价订单和设定市场订单的最大价格偏移，以降低价格偏移或抢先交易的影响。

做市商和交易者将 dYdX 当作开源软件和用户界面，使用

DEX 更为便捷。让 dYdX 来做订单匹配，可以提高交易的信任度，因为交易系统可能处于停机状态，或因某种原因不发布交易。让 dYdX 进行订单匹配，几乎没有用户资金遭窃的风险，因为签署的订单只能按照智能合约的规定使用。订单匹配完成后，被提交到以太坊区块链，智能合约进行结算。

此外，投资者利用保证金抵押品，可以进行最多 10 倍的杠杆多头或空头交易。可以逐个处理头寸，这样方便使用单独一种抵押品，或交叉保证金将投资者资金汇集为资金池，然后作为抵押品。和其他协议一样，dYdX 有保证金要求，如果不达标，就会触发清算抵押品关闭头寸。清算可以由外部守护者进行，守护者可以获得奖励，和 MakerDAO 的机制一样。

与 Compound 和 Aave 类似，dYdX 也有借款和贷款功能。它还有免费的闪电贷款功能（Aave 闪电贷款不是免费的），dYdX 因此是 DAI、ETH 和 USDC 闪电流动性的热门选择。在智能合约构筑的世界中，有理由将闪电贷款利率降到零，因为闪电贷款几乎不存在风险。贷款利率由贷款期限和违约风险决定。对于闪存贷款，还款是通过算法强制执行的，而且时间极短。在一次交易中，只有用户可以使用特定功能或转账。在某一用户的交易正在进行时，其他以太坊用户不可以挪动资金或进行任何修改，因此不存在机会成本。因此，如果平台提供免费闪电贷款，就能吸引更多的使用者。因为闪电贷款不需要预付资金，所有人都可以方便地融资。在 Aave 的例子中，我们展示了闪电贷款如何用来为贷款再融资。接下来演示如何用闪电贷款进行套利交易。

假设在 Uniswap 上，用 1 000DAI 兑换 ETH 的汇率是 6ETH/1 000DAI。因为存在价格偏移，即时汇率是波动的。另外，假设 dYdX 的 DEX 现货报价为 1 000 DAI 兑换 5ETH（即 ETH 在 dYdX 上比 Uniswap 要贵得多）。为了利用这个套利机会，在没有任何资金的情况下，投资者可以执行闪电贷款，借入 1 000DAI，在 Uniswap 上换取 6ETH，然后用其中的 5ETH 在 dYdX 上交易 1 000DAI。最后，投资者可以用这 1 000DAI 来偿还闪电贷款，并将 1ETH 的利润收入囊中。这一切都发生在一次交易中。在一次以太坊区块链交易中，用户可以执行多个合约（如图 6.9 所示）。

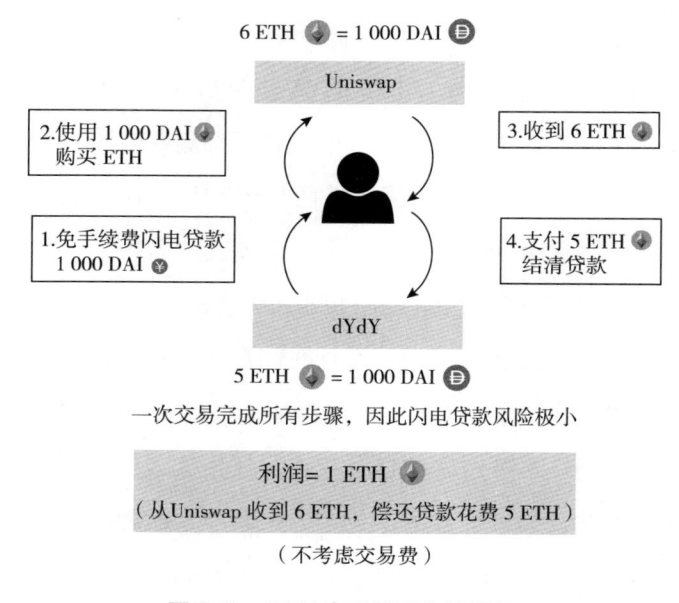

```
              6 ETH = 1 000 DAI
                  Uniswap
    2.使用 1 000 DAI              3.收到 6 ETH
       购买 ETH
                    👤
    1.免手续费闪电贷款            4.支付 5 ETH
      1 000 DAI                    结清贷款
                   dYdY
              5 ETH = 1 000 DAI
     一次交易完成所有步骤，因此闪电贷款风险极小

              利润= 1 ETH
       （从Uniswap 收到 6 ETH，偿还贷款花费 5 ETH）
                  （不考虑交易费）
```

图 6.9　dYdX 套利原理永续期货

dYdX 提供的主要衍生品是 ETH 和比特币的永久期货。截至

2021年，dYdX还提供其他11种加密货币期货。**永续期货合约**（perpetual futures contract）类似于传统的期货合约，但没有到期日。通过签订永续期货合约，投资者只是对某一资产的未来价格投注。该合约可以是长线或短线，有没有杠杆都可以。它使用的是基于标的资产在主要交易所的平均价格的指数价格。[27]根据投资者的需求，该合约可以以指数价格（BTC）的溢价或折价进行交易。

由一方支付给另一方的融资利率，可以让期货价格接近指数价格。如果期货合约以高于指数价格的价格交易，融资利率将是正数，多头将支付空头。融资利率的大小是成交价格与指数价格价差的函数。类似地，如果合约以折价交易，则空头支付给多头。融资利率激励投资者买入交易对的另一方，促使合约价格靠近指数价格。[28]只要维持所需的保证金，投资者总是可以平仓，无论名义头寸价格减去保证金持有的任何余额的差额是多少。

与传统期货合约一样，永续期货合约有两个保证金：初始保证金和保证金门槛。假设初始保证金为10%。这意味着投资者的抵押品（或股权）价值，要达到底层资产的10%。长线期货合约能让投资者在未来以设定的价格购买资产。如果市场价格上涨，投资者能以比市场价格更便宜的价格买入，利润就是市场价格和合约价格之间的差额。空头头寸的工作原理与此类似，只是投资者同意以一个固定的价格出售资产。如果市场价格下跌，投资者可以在公开市场上购买该资产，并以合约中规定的较高价格出售，利润是合约价格和市场价格之间的差额。

但如果价格波动对投资者不利，就会有风险。举个例子，如果投资者用10%的保证金做多，但市场价格下跌了10%，那么抵押品就没有了，因为按合约价格购买和在公开市场上折价卖出之间的差额会使抵押品的价值消失。重要的是，期货与期权不同。如果标的资产的价格在期权合约中走错了方向，期权持有人可以离场——期权的行使是自由裁量的。这就是为什么它被称为期权，没有交易者会以损失的方式行使期权。相反，期货是义务。因此，传统交易所有防范机制，以将合约持有者违约概率降到最低。

保证金门槛是减少违约的主要手段。假设保证金门槛是5%。在传统期货交易中，如果价格下跌5%，投资者需要补充抵押资产，使其恢复到10%的水平。如果投资者未能做到，交易所就会清算该头寸。dYdX也有类似的机制，但有明显区别。第一，如果任何头寸下跌5%，守护者将触发清算。如果还剩余抵押资产，守护者会保留作为奖励。第二，清算几乎是即时的。第三，没有中心化交易所的参与。第四，dYdX合约是永久性的，而传统交易所的合约通常有固定的到期日。[29]

我们来思考下面的例子。假设比特币的价格指数是10 000 USDC/BTC。投资者通过存入1 000 USDC作为保证金（抵押品），来启动一个多头头寸，对比特币的价格施加杠杆。如果价格上涨5%，利润为500美元。鉴于投资者只用了1 000美元，回报率为50%。

我们还可以用另一种方式思考这个机制。投资者在 10 000 价位持有多头头寸，并承诺在 10 000 价位购买，则义务价格就是 10 000。因为投资者必须根据合同支付 10 000，这里我们可以把义务当作负余额。投资者已经兑现 1 000 的抵押品，还欠 9 000。变换角度，投资者承诺用这些资金购买资产，即 1 个比特币。因此，投资者有 10 000 的正余额，即当前价格。抵押率是 10 000 ÷ 9 000 = 111%，保证金百分比为 11%，几乎是可行的最大杠杆（10% 的保证金）。

这个机制也适用于空头头寸。投资者承诺以 10 000 的价格卖出，这是正余额，并辅以 1 000 的保证金存款（所以总额为 11 000）。投资者的负余额是购买 1 个比特币的义务，目前价值 10 000。抵押率为 11 000 ÷ 10 000，则保证金百分比为 10%。

假设底层资产（比特币）的价值增长了 5%，我们再来观察空头头寸的机制。如果比特币的价格上涨到 10 500（5% 的涨幅），保证金百分比变为（11 000 ÷ 10 500）− 1 = 4.76%，这时将清算空头头寸。该头寸的净余额为 500 美元，是清算者平仓的奖励。图 6.10 回顾了多头头寸的机制。

dYdX BTC 永续期货合约能让投资者在以太坊区块链上，提供任何 ERC-20 资产作为抵押品，就能获取比特币收益。目前，永续期货越来越受欢迎，也将继续吸引流动资金（如表 6.6 所示）。

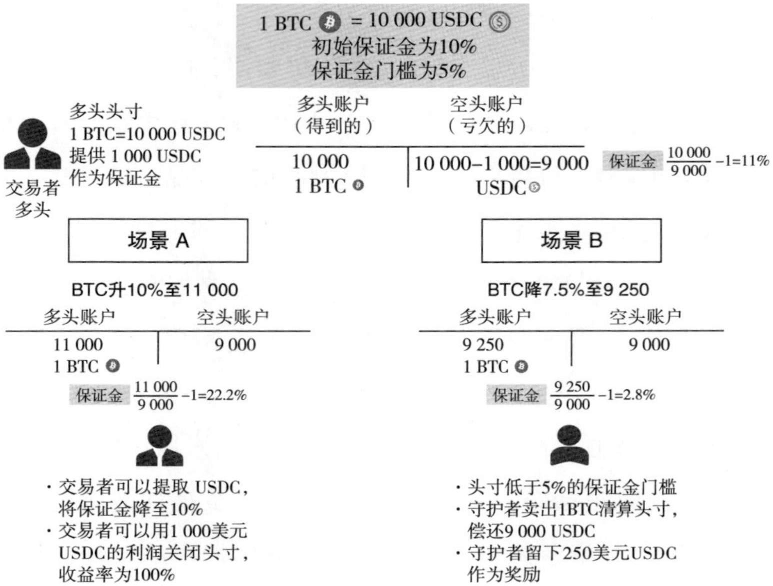

1 BTC = 10 000 USDC
初始保证金为10%
保证金门槛为5%

多头头寸
1 BTC=10 000 USDC
提供 1 000 USDC
作为保证金

交易者
多头

多头账户 （得到的）	空头账户 （亏欠的）
10 000 1 BTC	10 000−1 000=9 000 USDC

保证金 $\frac{10\,000}{9\,000}-1=11\%$

场景 A

BTC升10%至11 000

多头账户	空头账户
11 000 1 BTC	9 000

保证金 $\frac{11\,000}{9\,000}-1=22.2\%$

· 交易者可以提取 USDC，将保证金降至10%
· 交易者可以用1 000美元USDC的利润关闭头寸，收益率为100%

场景 B

BTC降7.5%至9 250

多头账户	空头账户
9 250 1 BTC	9 000

保证金 $\frac{9\,250}{9\,000}-1=2.8\%$

· 头寸低于5%的保证金门槛
· 守护者卖出1BTC清算头寸，偿还9 000 USDC
· 守护者留下250美元USDC作为奖励

图 6.10 dYdX 永续期货

表 6.6 dYdX 解决的问题

传统金融体系的问题	dYdX 的解决方案
中心化控制：机构控制借款和借贷利率	算法基于清晰透明的公式（通常为资产池利用率）控制 dYdX 的利率
渠道窄：很难获得高收益美元投资机会、低成本借款、期货和衍生品，无法立即开展投资行为	任何人都能出借任意资产，由算法控制利率；永续期货合约可以组合任意资产；免费的闪电贷款能让开发者进行大资金量套利和其他投资行为
低效：不是最优借款和贷款利率，导致成本上涨	算法统一优化利率，免费闪电贷款可供立即使用
割裂：在一款金融工具中无法调整资金	闪电贷款能立即使用全部资产用于外部机会，没有风险，投资者没有损失
不透明：贷款机构抵押不透明	借款抵押率透明，所有人可见

Synthetix

许多传统金融衍生品都能在 DeFi 中找到参照物。DeFi 因为有智能合约，正在不断催生新的衍生品。Synthetix[30] 就正在开发新型衍生品。

假设我们要创建一种衍生加密资产，其价值基于既不拥有也不托管的底层资产。Synthetix 的目标是创造各种各样的流动性组合衍生品，模式简单而又新颖。该公司发行 Synth 代币，其价格与底层资产挂钩，并由抵押品支撑。MakerDAO 的 DAI 也是一种组合资产。价格信息来自 Chainlink[31] 的去中心化预言机。[32] 理论上，Synth 可以跟踪任何资产，无论多头还是空头，甚至是杠杆头寸。在实际中，主要追踪的资产是加密货币、法币和黄金。

多头 Synth 被称为 sToken，比如 sUSD 或一个 sBTC。sUSD 是组合资产，它的价值基于价格信息。空头 Synth 被称为 iToken，比如 iETH 或 iMKR。Synthetix 也有平台代币，即 SNX。与 MKR 和 COMP 这样的治理代币不同，SNX 是功能代币或网络代币，它唯一的用途是使用 Synthetix 的功能。SNX 作为整个系统的唯一抵押资产。当用户用 SNX 铸造 Synth 时会产生债务，债务与未偿还债务的总额成正比，以美元计价。用户需要对债务负责，如果要解锁 SNX 抵押品，就必须偿还债务。因此，所有债务由 Synth 持有者根据建仓时的债务百分比集体分摊。当任何 Synth 的价格波动时，未偿债务总额随之发生变化，但每个持有者仍然负责铸造 Synth 时相同百分比的债务。因此，当 SNX 持有者的 Synth 表现优于资金池时，持有者实际上是获利的，反之亦然，因为他的资产价值（Synth 头寸）超过了债务的增长（sUSD 债务之和）。

我们来举个例子。3 个交易者分别有 20 000 美元的债务，总债务为 60 000 美元：一人持有 2 个价格为 10 000 美元的 sBTC，一人持有 100 个价格为 200 美元的 sETH，最后一人持有 20 000 个价格为 1 美元的 sUSD。每个人的债务比例为 33.3%。如果比特币的价格翻倍到 20 000 美元，ETH 的价格飙升到 1 000 美元，则总债务就变为 160 000 美元 = 40 000 美元（sBTC）+ 100 000 美元（sETH）+ 20 000 美元（sUSD）。[33]因为交易者各负责 33.3% 的债务，约 53 300 美元，即便比特币价格翻倍，只有 sETH 的持有者获利。如果比特币的价格下降到 5 000 美元，ETH 的价格下降到 100 美元，那么总债务下降到 40 000 美元，sUSD 持有者成为唯一获利的交易者。图 6.11 详细演示了这些变化过程。

Synthetix 有一个原生的 DEX，能以预言机报价的汇率交易任意两个 Synth。交易者向费用池支付交易费，该费用池可由 SNX 持有者按其债务比例赎回。合约规定，SNX 持有者只有在相对于债务维持足够的抵押率时，才能赎回交易费。铸造 Synth 和抵押注资所需的抵押门槛很高，目前是 750%。Synthetix 协议还通过通货膨胀，铸造新的 SNX 代币，以奖励生态系统中的持股者。协议将奖励作为维持高抵押率和增加 SNX 流动性的激励。

截至 2021 年，Synthetix DEX 共支持 36 种加密组合资产，7 种外币组合资产。Synthetix 还允许用户交易某些股票，以及黄金和石油。Synthetix 协议为了进一步扩展功能，正尝试提供二元期权

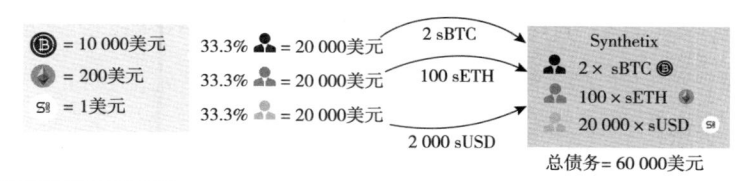

```
₿ = 10 000美元        33.3% 👤 = 20 000美元      2 sBTC        Synthetix
◆ = 200美元           33.3% 👤 = 20 000美元      100 sETH      2 × sBTC ₿
S = 1美元             33.3% 👤 = 20 000美元                    100 × sETH ◆
                                                  2 000 sUSD   20 000 × sUSD S
                                                               总债务 = 60 000美元
```

场景 1

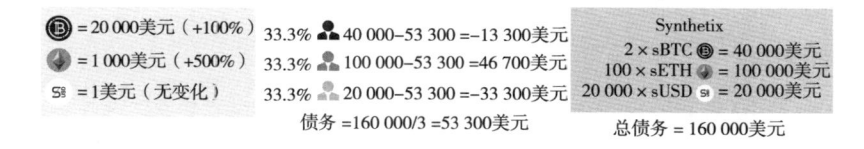

```
₿ = 20 000美元（+100%）  33.3% 👤 40 000−53 300 = −13 300美元      Synthetix
◆ = 1 000美元（+500%）   33.3% 👤 100 000−53 300 = 46 700美元      2 × sBTC ₿ = 40 000美元
S = 1美元（无变化）       33.3% 👤 20 000−53 300 = −33 300美元      100 × sETH ◆ = 100 000美元
                         债务 = 160 000/3 = 53 300美元             20 000 × sUSD S = 20 000美元
                                                                   总债务 = 160 000美元
```

场景 2

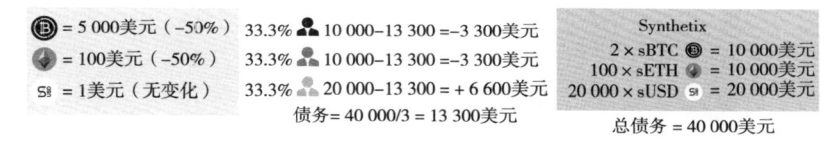

```
₿ = 5 000美元（−50%）   33.3% 👤 10 000−13 300 = −3 300美元       Synthetix
◆ = 100美元（−50%）     33.3% 👤 10 000−13 300 = −3 300美元       2 × sBTC ₿ = 10 000美元
S = 1美元（无变化）      33.3% 👤 20 000−13 300 = +6 600美元       100 × sETH ◆ = 10 000美元
                        债务 = 40 000/3 = 13 300美元               20 000 × sUSD S = 20 000美元
                                                                   总债务 = 40 000美元
```

图 6.11　Synthetix 原理

表 6.7　Synthetix 解决的问题

传统金融体系的问题	Synthetix 的解决方案
中心化控制：只能在注册交易所买卖资产	提供组合资产，可以追踪任意实体资产
渠道窄：某些地区无法使用特定资产	任何人可通过 Synthetix 买卖 Synth；如果是证券，Synth 会存在限制
低效：因为交易者进入流动性池，大资产买卖会有价格偏移	Synth 交易利率由外部价格信息提供，消除了价格偏移
割裂：无法在区块链上表征股票等真实世界资产	用 Synth 表征真实资产，兼容以太坊和其他 DeFi 协议
不透明：传统衍生品市场缺乏透明度	所有基于协议的项目和功能，由 DAO 提供资金支持和投票管理

交易。Synthetix 的优势是相对于预言机报价，不存在价格偏移。但是，资金池流动性和共享债务的模式带来了一定的挑战（如表 6.7 所示）。

代币化

代币化是指在链上或链外表征资产或资产包的过程，并且：

1. 使用链上代币表示资产，所有权可分割。
2. 创建等价于底层代币的复合代币。

根据用户要求的属性类型，代币可以有不同的规范。如前所述，最流行的代币标准是 ERC-20，即同质化代币标准。这个接口定义了代币应该有怎样的特点，以及如何流通。另一个是 ERC-721 标准，它定义了非同质化代币。这些代币是独一无二的，比如代表艺术品所有权的代币，或游戏中特定数字资产的代币。DeFi 应用只需按照标准进行编码，就可以实现代币化。

集合协议

集合协议[34]提供了"复合代币"的代币化方法。集合协议不是将非以太坊的资产代币化，而是将以太坊代币组合成复合代币，更像传统的 ETF。集合协议将加密资产组合成集合（set），即 ERC-20 代币，由智能合约负责托管抵押。集合代币总是可以用抵押品赎回。基于交易策略，集合可以是静态或动态的。静态集合是投资者关心的简单捆绑代币，集合可以作为独立单位进行交易。

动态集合定义了何时进行重新分配的交易策略。我们以"移动平均线"集合为例，每当 ETH 越过其 X 日简单或指数加权移动平均线时，就在 100% 的 ETH 和 100% 的 USDC 之间切换。和常规 ETF 类似，集合代币也有交易费，有时还有业绩挂钩奖励。在创建集合的过程中，管理人预先设定交易费，费用直接支付给集合的管理人。交易费包括买入费（前端加载费）、流转费（管理费），以及绩效费（超过指引业绩的利润百分比）。目前，集合协议本身不收取费用，但以后可能收费。集合协议的价格和收益是通过 MakerDAO 的预言机价格信息计算的，Synthetix 也使用了 MakerDAO 预言机。动态集合的优点是，交易策略由智能合约公开编码，因此用户能准确知道资金的分配方式，并可以在任何时候轻松赎回。

集合协议还有社交交易（social trading）功能，用户可以购买某个集合，其投资组合被限制在某些资产上，由特定交易员调整资产分配。因为这些投资组合是主动管理的，很像是主动共同基金或对冲基金。优点也是类似的，即投资组合经理有一套预先定义的资产可供选择，用户受益于基于合约的透明度。

举个例子，某个集合的投资组合经理的目标是在以太坊上"低买高卖"。他可以使用的资产只有 ETH 和 USDC，而允许的分配方式只有 100% 的 ETH 或 100% 的 USDC。投资组合经理可以自行决定触发合约功能，将投资组合完全切换为一种资产或另一种资产，这是他唯一可做的分配决定。假设以 1 000 美元开始。ETH 的价格跌至 100 USDC/ETH，投资经理决定买入，通过触发再平衡，使集合中拥有 10ETH。如果 ETH 的价格翻倍到 200 美元，整个集合就价值 2 000 美元。拥有该集合 10% 股份的股东可以用 1ETH 赎回股份。

通过更多点对点的方式，集合协议能让财富管理更加大众化，让基金经理通过非传统渠道获得更多资金，并让所有投资者有机会接触最好的投资经理（如表 6.8 所示）。许多集合下一步的计划是使用 cToken，即代币的 Compound 投资版本。在切换分配时，代币通过 Compound 协议获得利息。这是一个 DeFi 平台分拆组合的范例，为投资者创造了新产品和价值。

表 6.8 集合协议解决的问题

传统金融体系的问题	集合协议的解决方案
中心化控制：投资经理控制资金，忽视投资者的意见	投资者可以在智能合约层面掌控资金
渠道窄：有能力的投资经理很难获得资金和投资机会	所有人都能成为投资经理，通过社交交易功能施展才能
低效：陈规陋习导致低效	用智能合约编码交易策略，执行高效
割裂：无法将资产重组为新资产包，无法应用于新金融产品	集合代币是 ERC-20 兼容代币，适用于其他 DeFi 协议，例如，在 Aave 上可以出借集合代币
不透明：难以随时知晓 ETF 或共同基金的资产情况	集合代币的交易策略和分配完全透明

包装比特币

包装比特币（wBTC）[35]采取链外资产链上化的方式进行比特币（BTC）代币化。简而言之，wBTC 能让 BTC 作为抵押品或流动性，进入所有以太坊原生的 DeFi 平台。BTC 波动性较低，[36]并且是市值最高的加密货币，这些特点使得 wBTC 为 DeFi dApp 开启了海量资金池。

wBTC 生态系统包括 3 个关键的利益相关者，即用户、商家和托管人。用户是交易者和 DeFi 参与者，是 wBTC 的需求买入方。用户可以通过 BTC 转账和执行**"了解你的客户"（KYC）/"反洗钱"（AML）**，从商家那里购买 wBTC，从而产生 wBTC 的买入/卖出价格，wBTC 依赖于链外资产的中心化控制。商家负责将 BTC 交易给托管人。商家在交易时，向链上的以太坊智能合约发出信号，表示托管人已经保管了 BTC，并获批铸造 wBTC。托管人按照行业标准的安全机制保管 BTC，直到 BTC 从 wBTC 生态系统中撤出。一旦托管人确认收到，就可以触发铸造 wBTC，并将 wBTC 转移给商家。最后，商家将 wBTC 移交给用户，循环结束。

单凭一个参与者，无法控制 wBTC 的铸造和销毁，所有进入系统的 BTC 都需要对其交易收据进行审计，以验证链上资金的托管。这些保障措施增加了系统的透明度，降低了用户风险。由于 wBTC 网络由商家和托管人组成，任何欺诈行为都可以迅速从网络中被清除，与传统金融体系相比，wBTC 网络的反欺诈成本很小。

商家和托管人进入和离开网络的机制，是由 wBTC DAO 控制的多签名钱包。在 wBTC 网络中，DAO 没有治理代币。但是，DAO 由管委会负责成员管理。wBTC 合约目前最多有 50 名所有者，管理成员最少需要 11 人。如果满足一定条件，可以修改 50 和 11 这两个数字。和前文讨论的系统相比，wBTC 网络更为中心化。但与一个保管人控制所有 wBTC 相比，这种机制也有去中心化的特点。

第七章
DeFi面临的风险

正如前面几章强调的，DeFi 鼓励开发者创造新颖的金融产品和服务，扩展金融技术的使用范围。虽然通过规避中间人，以可信的方式交易金融资产，DeFi 可以消除交易对手风险，但所有创新技术都会带来一系列新的风险。我们必须正视并降低这些风险，才能让新一代金融应用拥有海量的处理能力和强大的容错能力。否则，DeFi 只能是一种探索性技术，使用者不会很多，吸引力也不会很大。

DeFi 目前面临的主要风险包括智能合约风险、治理风险、预言机风险、**扩容风险**（scaling risk）、去中心化交易所风险、保管风险、环境风险和监管风险。

智能合约风险

在过去 10 多年，主要是以加密货币作为重点产品的交易所，频繁受到黑客攻击。[1]虽然大多时候发生黑客攻击事件是因为安全措施不到位，但这也说明了一个重要问题：软件系统特别容易受到黑客攻击，开发人员玩忽职守也会造成损失。区块链凭借其独特的特性可以消除交易对手风险这样的传统金融风险，但 DeFi 是建立在代码之上的。相比于传统金融机构，DeFi 的软件系统暴露出来的风险软肋更多。如前所述，公有区块链是开放透明的系统。代码部署后，任何人都可以在区块链上查阅和操作。因为公有链代码通常用于区块链原生金融资产的交易和存储，从而带来了智能合约风险。

DeFi 的基础是智能合约，这是一组公有的计算机代码。智能合约是尼克·萨博（Nick Szabo）在 1997 年发表的论文中首次提出的。[2]由于区别于主流方法，人们一直处于改善智能合约缺陷和纠正编程错误的探索中。DForce 和 bZx 近期遭受的黑客攻击，表明了智能合约程序的脆弱性。市场上出现了一批代码审计公司，比如量子戳（Quantstamp）、比特踪迹（Trail of Bits）和派盾科技（Peckshield），这些公司填补了代码安全和智能合约专业知识的鸿沟。[3]

智能合约风险的形式可以是代码中的逻辑错误，也可以是经济型剥削。攻击者利用漏洞，可以从平台提取超额资金。前者可能是代码中常见的软件错误。举个例子，假如一个智能合约的作用是托管用户的 ERC-20 代币资金，用于支付给收款人。该合约记录代币总金额的变动，便于转账时使用。但这个假设的合约本身就存在漏洞。由于四舍五入，代币总金额的数字会略高于合约实际持有的资金量。当合约试图转账时，因为实际资金量不足，导致转账行动失败。如果没有预防措施，合约就锁死了存储的代币。这些不能恢复的代币，就会变成**封存资金**（bricked funds）。

经济型剥削不像代码漏洞那么明显。它的代码逻辑没有错误，而是存在漏洞，只要某个交易者拥有足够的资金，他就能裹挟整个交易市场，打着合约的名义获取不正当收益。举个例子，某个合约扮演着两个代币之间的交易所角色，它通过查阅区块链上另一个类似合约的汇率来确定价格，只是对其稍加调整。对于这个特定的合约，另一个交易所合约充当了价格预言机。合约预言机作为参照，当它的流动性远低于其他交易合约的流动性时，就有可能出现经济型剥削。资金雄厚的交易者可以在预言机合约中大量卖出以操纵价格，然后利用价格波动，持续在主流交易合约中大量买进。最终的结果是，攻击者通过操纵低流动性的预言机合约，成功地在高流动性交易合约中牟取收益。

如果考虑到在单笔交易中，任何以太坊用户可以通过闪电贷款获得大量资金，经济型剥削就更加棘手了。因此，在设计合约协议时必须特别小心，谨防单一交易中的剧烈市场波动操纵合约。使用闪电贷款的经济型剥削就是闪电攻击（flash attack）。2020 年

2月，一连串明目张胆的闪电攻击突袭了bZx交易所的Fulcrum，这是一家类似Compound的借贷市场。[4]通过闪电贷款，攻击者挪用部分资金买入杠杆空头，并利用其余资金操纵空头参照的预言机合约价格。攻击者随后获利平仓，解除市场交易，并偿还了闪电贷款。净利润是bZx之前持有的价值近30万美元的资金，攻击成本几乎为零。

最为人熟知的智能合约攻击发生在2016年。The DAO①作为区块链第一家去中心化风险投资基金，由Slock.it设计，于2016年4月30日启动，[5]并吸纳了当时约14%的以太坊资金。2016年5月，DAO代币交易启动，但程序的关键部分有两行代码存在顺序错误，未经检查黑客是否有权提款，就能让黑客多次提取ETH。这个缺陷被称为重入性错误（reentrancy bug）。2016年6月17日，先是一名黑客窃取了30%的资金，然后另一个黑客组织罗宾汉小组（Robin Hood Group），窃取了另外70%的合约资金。罗宾汉小组随后承诺返还所有资金。原始合约在提取资金前内置了28天持有期，以太坊社区用户争论是否通过硬分叉改写历史，以消除黑客事件的影响。最终，众人决定进行硬分叉，并将资金返还给失主。旧版本协议成为以太坊经典（Ethereum Classic，简写为ETC），它保留了原始记录。2016年7月，当美国证券交易委员会判定DAO代币属于证券资产后，DAO倡议被搁浅。

---

① The DAO是区块链公司Slock.it发起的一个众筹项目。——编者注

漏洞引发了多起惨重损失。2020年4月，黑客从dForce的Lendf.Me借贷协议窃取了2 500万美元。有趣的是，Lendf.Me的代码大部分是从Compound复制的。事实上，"Compound"一词在dForce的合约中出现了4次。Compound的首席执行官评价说，如果项目方没有开发智能合约的专业知识，那么他们也没有能力或打算考虑安全问题。[6]

2021年2月发生了一次规模较小但耐人寻味的攻击。受害者是Yearn.finance，这是一个资金池，用户将资金存入其中，Yearn.finance再分配给其他DeFi协议，与零散的投资相比，这种集资方式的收益更高。[7]黑客使用了161笔代币交易，涵盖Compound、dYdX、Aave和Uniswap，光交易费就超过5 000美元，[8]使用了超过2亿美元的闪电贷款。

要做出安全的智能合约，想安心使用智能合约完成大额交易，仍有很长的路要走。只要智能合约的风险威胁着DeFi，用户就会犹豫是否让合约保管资金，DeFi信任度随之下降，应用就会受限。

治理风险

编码漏洞并不是新问题。事实上，自从半个多世纪前现代计算机诞生以来，它们就一直存在。编码漏洞是Uniswap等协议的唯一威胁，因为这些协议是由智能合约自动控制的。其他

DeFi 应用依赖的不仅仅是程序。例如，前文介绍的去中心化信贷平台 MakerDAO，就需要人为地控制治理过程，调整协议参数以维持系统的偿付能力。这么做就带来了治理风险，这是 DeFi 独有的。

协议治理是指委员代表或流动民主机制能够对协议做出修改。[9] 为了参与治理过程，用户和投资者必须从交易市场购买并使用权力化身的代币。当需要修改协议时，持有者利用代币进行投票。通常，治理代币供应量恒定，这么做有助于抵制任何人获得多数（51%）控制权。然而，协议本身却面临着恶意行为操控的风险。用户可以从 Automata[10] 这类新项目直接购买治理投票权，这可能进一步诱发恶意行为或恶意治理的威胁。

在传统公司中，激进的投资者可以购买股票，并按照自己的意愿调整公司经营。拥有治理代币的 DeFi 协议也差不多，只是在协议的生命周期中更早地启动了治理系统，这可能会引发更大的风险。此外，在传统公司中，即使是激进的投资者，面对小股东也受到法律规定的信托责任约束，但 DeFi 中并没有信托责任。

2021 年 3 月 13 日，True Seigniorage Dollar（简写为 TSD）经历了一次治理攻击。当时，开发者只控制 DAO 的 9%。攻击者偷偷摸摸地持续购买 TSD，直到拥有全部 DAO 的 33%。攻击者随后提出一个实施方案，并投票赞成。攻击者修改代码，为自己铸造了 115 万亿美元的 TSD，然后在 Pancakeswap 上出售了 118 亿美元的 TSD 代币。[11]

预言机风险

预言机是现如今 DeFi 仍未解决的问题之一。绝大多数 DeFi 协议需要预言机才能正常运行。从根本上说，预言机的目的是回答一个简单的问题：如何才能让链外数据安全地汇报给区块链？如果没有预言机，区块链就是完全封闭的，除了汇总到区块链上的交易数据，它对外部世界一无所知。许多 DeFi 协议必须获知安全且防篡改的资产价格，以确保清算和预测市场决议等常规操作正常运转。协议对数据源的依赖，带来了预言机风险。

预言机对客户系统构成了重大风险。如果攻击预言机获取的收益远高于开发者监守自盗，预言机就会成为首选目标。

到目前为止，人们一共采用了 3 种类型的预言机解决方案。第一种是**谢林点预言机**（Schelling-point oracle），它依靠恒定供应量代币持有者，进行投票或报告资产价格。这类预言机的案例包括 Augur 和 UMA。[12]虽然谢林点预言机保留了合约协议的去中心化组件，但它的处理速度非常慢。第二种是 API 预言机（API oracle），这是一种中心化的网络接口服务，对数据或价格请求进行异步响应，案例包括 Provable、Oraclize 和 Chainlink。[13]所有依赖 API 预言机的系统，都不得不默认预言机会准确地回应所有查询。第三种是应用定制化的预言机，使用者包括 Maker 和 Compound。因为协议的需求不同，这类预言机也存在差异。例如，Compound 依赖由 Compound 团队掌控的唯一数据源，向 Compound 预言机提供所有链上价格数据。

目前，预言机对 DeFi 协议构成的风险最大。所有预言机面对抢先交易都很脆弱，套利交易可导致数百万美元的损失。[14]此外，Chainlink 和 Maker 这类预言机经历过突发性中断，对下游产品造成了灾难性影响。[15]在预言机内嵌入区块链，成为区块链的一部分，但在具有足够的安全可信度之前，预言机将一直是 DeFi 最大的系统性威胁。

扩容风险

前文讨论过，对于以太坊和其他使用工作量证明共识机制的区块链，它们的区块大小是固定的。为了使区块成为链的一部分，每位以太坊矿工必须在各自的机器上执行打包交易。指望矿工处理全球市场的所有金融交易是不现实的。当前版本的以太坊每秒交易（TPS）最多只有 30 笔，然而今天几乎所有的 DeFi 都部署在以太坊上，处理压力可想而知。与 TPS 高达 65 000 笔的维萨相比，以太坊处理的系统吞吐量还不到前者的千分之一。以太坊扩容能力有限，使得 DeFi 难以满足市场需求。为了提高以太坊的处理能力，人们想了许多办法，要么通过扩容，要么采用处理能力更强的区块链。截至 2021 年，期待已久的第二版以太坊还没有问世。为了缓解扩容风险，市场上出现了一些新的平台，例如 Polkadot、Zilliqa 和 Algorand，它们提供了新的解决方案。[16]

一个可行的解决方案是采用新的共识算法——权益证明，我们在第三章提到过。权益证明不需要挖矿（挖矿必须等待，且等待时间不固定），而是在下个区块上抵押资产，采用类似于工作量证明的多数规则。**抵押**（staking）是加密货币和 DeFi 中的重要概念，是指用户把资金托管在智能合约中，如果用户有不当行为，将受到惩罚（即削减资金）。

权益证明中的恶意行为发生在对多个候选区的投票中。多次投票表明对区块缺乏辨别力，致使投票数出现偏差。因此，用户会受到惩罚。权益证明的安全性基于这样的理念：恶意行为者必须比其余所有参与者累积更多的抵押资产（以太坊中的以太币）。一旦持有如此多的资金，就特别容易被发现，因此安全性不弱于工作量证明。

垂直扩容（vertical scaling）和**水平扩容**（horizontal scaling）也是提升区块链吞吐量的两种方法。垂直扩容将所有交易处理集中到一台超级计算机上。这种集中处理降低了与工作量证明区块链相关的通信开销（交易和区块延迟），但会导致中心化架构的出现，超级计算机要负责系统的大部分运算。某些区块链（例如 Solana）遵循这种方法，[17]TPS 可达 50 000 笔。

水平扩容将运算分成多个子部分，在维持去中心化的前提下，通过并行计算提升系统的吞吐量。**以太坊 2.0** 采取了这种方法，称为分片（sharding），并结合了权益证明共识算法。

以太坊 2.0 的技术架构[18]与垂直扩容的区块链（如 Solana）有

很大的不同，但提升效果类似。以太坊 2.0 用多条区块链进行水平扩容，TPS 也能达到 50 000 笔。

以太坊 2.0 的开发历程已经推迟了几年，它的**主网**（mainnet）是不支持任何智能合约的基本区块链，已于 2020 年 12 月上线。以太坊 2.0 还没有最终确定在其水平扩容的区块链之间传输交易数据的技术细节。

另一个有希望降低扩容风险的手段是以太坊 layer-2（第二层）方法。第二层是指建立在底层区块链之上的解决方案，底层区块链（即第一层）依靠密码学保证安全性。为了杜绝恶意攻击，可以处理和汇总交易，但除非存在差异，交易不会直接发布到区块链上。这消除了区块大小固定的限制，提升了区块打包速率，吞吐量得以提高。目前，一些 layer-2 解决方案已经正式上线。由于以太坊的交易费已经提高了很多，layer-2 的使用一直停滞不前。因为发展缓慢，许多实时解决方案缺乏对智能合约和 DEX 的支持。**乐观汇总**（optimistic rollup）是一个处于研发中的方案。它在链外将交易汇集并做成**摘要**（digest），每隔一段时间提交给区块链。只有拥有抵押资金的交易者，才有权汇总和提交摘要。值得强调的是，除非有人提出质疑，一旦摘要被提交，它就是正确有效的，这就是为什么它被称作乐观汇总。如果有人提出质疑，可以通过密码学验证汇总方是否发布了有问题的摘要。如果汇总方的摘要确实有误，提出质疑者就会得到一笔奖金，奖金来自前者的抵押资金。奖励机制类似于守护者机制。乐观汇总虽然很有希望，但欺诈性证明的高成本特性以及频繁的摘要提交，限制了吞吐量，增加了交易成本，所以还没有一家主网采用这个方案。

人们设想了许多旨在降低 DeFi 扩容风险的方法，但仍然没有找到最好的解决方案。只要区块链扩容限制着 DeFi 的发展前景，DeFi 的各种应用就会受到影响。

去中心化交易所风险

如今最流行的 DeFi 应用构成了传统金融产品的镜像映射。DeFi 的主要用途是杠杆和交易，以及吸纳数字资产。不难预料，区块链上最活跃的行为是交易，而不断出现的新资产（例如 ERC-20 代币和组合资产）导致 DEX 数量的大爆发。这些 DEX 在设计和架构上有很大的不同，但都是为了解决同一个问题——如何创建最好的去中心化资产交易场所。

基于以太坊，有两种主要类型的 DEX。AMM 和订单簿交易所。这两种类型的 DEX 在架构上各不相同，风险状况也不一样。AMM 是迄今为止最受欢迎的 DEX，因为它能让用户安心且安全地交易资产，同时消除了传统金融体系交易对手风险。通过将交易流动性托付给智能合约，AMM 能让用户即时获得交易对的报价，并进行交易。Uniswap 可能是最知名的 AMM，它也被称为常数函数做市商（Constant-Function Market Maker，简写为 CFMM）。Uniswap v2 依靠两种资产的乘积来确定交易价格。两种资产在交易后发生额度变动，其价格受到资金池的金额总量的影响。

类似 Uniswap 这样的 CFMM 优化了用户体验和便利性，但牺牲了绝对收益。CFMM 中的流动性提供者通过将资产存入资金池赚取收益，因为资金池对每笔交易都要收取交易费，LP 从高额的交易量获益。这可以让资金池吸引流动性，但迫使 LP 面临智能合约风险和非固定损失。当资金池中两种资产的收益没有关联或价格波动较高时，非固定损失就会出现。[19] 这些特性给套利者从资产波动和价差中获利提供了空子，降低了 LP 的收益，如果资产价格急剧波动，他们还需承受风险。某些 AMM，比如 Cap，[20] 通过使用预言机确定交易价格，并动态调整定价曲线以防止套利者从 LP 牟利，减少非固定损失。对于其他 AMM，非固定损失仍然是最困扰的问题。

2021 年 5 月 5 日，Uniswap 推出了第三个版本。v2 和 v3 的关键区别在于，流动性提供者分配资金时，可以采取自定义的额度区间（CFMM 对资金额没有限制，可以是无限的）。这就促成了个性化的价格曲线，交易者从而可以与所有价格曲线的流动性集合进行互动。因为有了指定金额区间的功能，Uniswap v3 有点儿类似于限价订单系统。

链上订单簿 DEX 的风险和自动做市商的风险不同。这类交易所因为底层区块链的缘故，受到扩容问题的影响，面对抢先交易的套利程序也很脆弱。由于存在低水平的做市商，订单簿 DEX 的价差通常较大。传统金融体系依靠的高级做市商包括

Jump、Virtu、DRW 和 Jane Street，[21] 而订单簿 DEX 的每个交易对往往被迫依赖专门的做市商。这是因为 DeFi 市场刚刚起步，需要复杂的运算设备为其提供链上流动性。随着市场的发展，我们希望打破围墙，让更多的传统做市商进入 DeFi 生态新系统。然而，就目前而言，还有不少障碍。虽然如此，AMM 和订单簿 DEX 都能消除交易对手风险，能为交易者提供一个无须托管和安心的交易平台。

一些 DEX 使用完全链外的订单簿，这么做既保留了非托管 DEX 的优点，同时规避了链上订单簿 DEX 的做市商和扩容问题。这些交易所是在链上结算所有头寸的进入和退出，同时在链外维持限价订单。这种方式规避了扩容风险并提升了用户体验，但也带来了一系列监管合规的问题。

尽管如今的 DEX 有很多风险，但随着技术的进步和市场参与者的日趋成熟，风险会逐渐降低。

保管风险

保管一共有 3 种模式：自身保管、部分保管和第三方保管。对于自身保管，是用户自己想办法，可以是不联网的 U 盘、硬拷贝或电子钱包。部分保管结合了自身保管和外部方案（例如 BitGo 钱包）。如果黑客只攻击了外部的电子钱包，得不到充足的信息，就不能重建私钥。如果用户不慎丢失了私钥，他还可以利用外部钱包重新创建密钥。最后一种方式是第三方保管。许多以前专注于中心化金融托管的公司，现在也提供 DeFi 的解决方案，例如富达数字资产（Fidelity Digital Assets）。

个人投资者一般面临两种选择。第一种是自身保管，用户可以完全掌控密钥，包括硬件钱包、网络钱包（比如 MetaMask，密钥存储在浏览器中）、桌面钱包，甚至是纸质钱包。第二种是委托保管，由第三方持有私钥，比如 Coinbase 和 Binance。

自身保管的最大风险是私钥丢失或被锁定。2021 年 1 月，《纽约时报》报道了一位程序员，他使用硬件钱包却忘了密码。[22] 钱包里有 2.2 亿美元的比特币，如果输入 10 次密码都错误，所有数据就会被销毁，而他只剩两次尝试机会了。

委托保管也是有风险的。假如由交易所持有私钥，黑客攻击得逞，私钥就会丢失。因此，大多数交易所将数目庞大的私钥保存在"冷库"（不连接互联网的硬盘）中。尽管如此，黑客攻击交易所的事件仍屡见不鲜，包括 Mt Gox 交易所（2011—2014 年）85 万比特币遭窃，Bitfloor 交易所（2012 年）2.4 万比特币遭窃，Bitfinex 交易所（2016 年）12 万比特币遭窃，Coincheck 交易所（2018 年）5.23 亿 NEM 遭窃（当时价值 5 亿美元），Binance 交易所（2019 年）7 000 比特币遭窃。[23] 某些中心化交易所，比如 Coinbase，甚至提供保险服务。所有这些黑客攻击都发生在中心化交易所，我们也耳闻目睹了一些发生在 DEX 的黑客攻击。

环境风险

比特币和以太坊使用的工作量证明共识机制，在运算过程中需要消耗大量的电力。这既是优势，也是劣势。庞大的算力为区块链网络提供了前所未有的安全性。想要通过积累哈希算力，进而破坏区块链是不明智的。劣势在于，维持算力的绝大多数能源来自化石燃料，这提高了碳排放，破坏了环境。

DeFi 的大多数活动是基于以太坊区块链进行的，它目前采用的是工作量证明共识机制。前文提到过，随着以太坊过渡到 2.0 版本，它承诺使用权益证明共识机制，这将大大提高能源利用效率。现实是，许多 DeFi 应用已经切换到了基于权益证明共识机制的区块链上，它们考虑的不仅仅是对环境的影响，也因为权益证明共识机制每秒可以实现更多的交易，吸引力很强。

以太坊前方有一条清晰的道路，它可以变得更加环保，但比特币区块链却不是这样。我们认为比特币区块链极不可能改变其共识机制。这会给比特币带来一些短期风险。对于以化石能源为主的地区，监管部门很可能会禁止挖矿行为。但对于冰岛这样的国家，电力既便宜又清洁，而且因为孤悬海外，出口电力很困难，对它来说，可谓迎来了发展算力产业的大好时机。今天，冰岛大约占到全球挖矿产业的 8%，这一比例以后还会更高。

监管风险

随着 DeFi 市场规模和影响力渐渐扩大，它将面临日趋严格的监管审查。在美国商品期货交易委员会（CFTC）的监管下，之前被忽视的大型中心化现货和衍生品交易所，近期被勒令遵守 KYC/AML 合规准则，[24] 而诸多 DEX 可能就是下一批整改对象。目前，有些去中心化衍生品交易所，如 dYdX，必须**地理封锁（geoblock）**美国用户使用交易所的特定功能。但是，DEX 的非监管和去中心化特性令它处于法律灰色地带，监管前景并不确定。但毫无疑问，一旦 DeFi 市场扩张到足够大，监管一定不会缺席。

2018 年 12 月，出于监管原因，知名的算法稳定币项目 Basis 被迫关闭。[25] 其主页上保留了一条令人唏嘘的信息，可供处境相似的公司参考，"非常遗憾地告诉大家，因为需要调整 Basis 系统以满足美国证券监管要求，这对 Basis 的功能带来了严重的负面影响……所以我们决定向投资者归还本金。也就是说，Basis 项目将被迫关闭。"[26] 为了应对监管压力，DeFi 中出现了越来越多的匿名协议创办者。2020 年年底，一个匿名团队推出了原先 Basis 的分叉项目（Basis Cash）。[27]

许多 DeFi 项目发布的治理代币也面临着越来越严格的审查，SEC 不断评估这些新资产，判定其是否为证券并加以监管。例如，基于以太坊的去中心化货币市场 Compound 近期发布了一种治理代币，它没有货币价值，也不能在未来变现。这样做使 Compound 避免了 SEC 的证券监管，规避了证券发行的责任。我们预计，未来会有更多的项目效仿 Compound 的做法，大多数项目会谨慎发行新代币。SEC 在 2017 年首次代币发行（ICO）热潮后，出台了严厉的处罚措施，许多项目方从中吸取了教训。[28]

CFTC 将许多高额市值的加密货币裁定为商品，使其免受资金划拨法的约束。但是，美国纽约等个别州，出台了针对促进加密货币转账和交易的经纪公司的监管法案。[29] 随着 DeFi 持续成长，发行的资产总数越来越多，我们预计针对 DeFi 协议及用户的监管措施会越来越具体和细致。

从监管角度来看，关于加密货币税还没有丝毫进展，会计软件和链上监控也只是刚刚出现。截至 2020 年 12 月 31 日，美国国家税务局（IRS）的提案草案要求在 1040 表格①上报告所有加密货币收据（不计税），其中包括空投或硬分叉、用加密货币交换商品或服务、购买或出售加密货币、用虚拟货币交换得到的资产（包括交换得到的其他虚拟货币），以及加密货币的利息，不包括将虚拟货币从一个钱包转移到另一个钱包。该提案还明确规定，如果有公司使用加密货币支付工资的话，它们还需要提交 W2 表格。[30]

尽管各国对 DeFi 的监管在不断探索中，几乎每天都会出台新规，比如美国允许银行托管加密货币，但由于许多问题仍待解决，[31] DeFi 的市场前景还不明朗。

---

① 1040 表格是美国个税申报表格。——译者注

如果任何一个国家（或地区）的监管环境过于严苛，创新也将会转移到海外（或其他地区）。但是，如果监管过于宽松，许多消费者就会蒙受损失。监管机构必须找到正确的平衡点。然而，这并不是唯一的挑战。区块链技术日新月异，监管者需要投入大量的时间学习，努力跟上技术的脚步。但即使经过学习，监管者也会发现，技术真的变化飞快，知识很快就会过时。最后，监管机构还会发现很难招聘到区块链领域的优秀人才，因为优秀人才不仅少，而且他们还有很多其他选择。

结语
谁输谁赢

与传统金融体系相比，DeFi 的优势在于去中心化、使用便捷、高效、互操作性和开放透明。得益于去中心化，金融产品可以由社区集体拥有，而不需要自上而下的管理，后者对普通用户来说可能是危险的。让所有人都能体验去中心化产品，对于防止财富差距的扩大具有至关重要的意义。

传统金融体系臃肿不堪，效率低下，从普通消费者身上赚取了大量收益。DeFi 通过高效的合约，将剥夺自消费者的价值又还给了消费者。通过区块链共享底层架构和接口服务，DeFi 中的各个子模块可以互通互联，传统金融体系根本无法实现。最后，DeFi 公开透明的特性可以让用户安心又安全地进行交易，这和现如今封闭的中心化系统构成了鲜明对比。

DeFi 甚至可以直接向用户发放奖励，激励用户使用 DeFi，正如 Compound（通过 COMP）和 Uniswap（通过 UNI）。收益耕作是向平台抵押注资,提高其流动性,从而获取收益。代币奖励和收益耕作能用很短的时间窗口吸引大量的资金进入 DeFi。通过设计出繁荣的代币经济体系,DeFi 平台既可以奖励创新,也可以培养出长期可持续的协议和社区,持久地创造价值。

诸多 DeFi 平台各有千秋,但或多或少都有明显的缺点和风险。例如,极度依赖中心化预言机的 DeFi 平台,做不到特别去中心化,永远不可能像 Uniswap 那样,不需要外部信息源就能运行。另外,如果和 dYdX 平台一样,在交易所中有链外组件,就不可能像没有链外组件的平台那样,具有高透明度和互通性。

某些风险,比如扩容和智能合约漏洞,困扰着所有 DeFi,攻克这些难关对 DeFi 的未来至关重要。如果 DeFi 迟迟不能扩容,交易处理能力无法提升,DeFi 就不能服务更多的人,只能局限在一小群富人中。但这是把双刃剑,解决扩容问题不得不牺牲 DeFi 的"纯粹性",例如区块链分片后就破坏了互通性。与互联网和其他转型期技术类似,整体利益和扩容之间的难题,将随着时间的推移得到改善。但是,智能合约的风险会一直存在,随着实践经验的丰富,人们熟能生巧,不断进行总结,总会找到最佳方案。

作为警告,如果没有尽心尽责地开发 dApp,而是盲目整合和堆砌功能,任何纰漏都会使整个项目付之一炬。智能合约风险的严重程度,与技术创新融合的趋势成正比。就像墨菲定律指出的那样,只要漏洞仍然存在,它就会一直威胁用户的资金安全。如果 DeFi 掌控不住这些风险,未来的发展就会一直伴随隐患。

DeFi 拥有变革世界的潜力。一旦 DeFi 成功,那些拒绝做出改变的公司可能会消亡并被遗忘。随着监管环境越来越清晰，人们对风险的了解越来越深入，所有传统金融公司都应该在服务中融入加密货币和DeFi，披上"DeFi的外衣"，隐藏其技术细节，让普通用户体验到新技术的简单和便利。

像Dharma[1]这样的初创公司，正在引领消费者体验DeFi的新浪潮。尽管效率还有待提升，但那些能整合新技术并符合监管政策的公司，最终将成为胜利者，而其余公司则会退出舞台。拥有强大流动性作为护城河，且功能完备的DeFi协议，将成为越来越多应用的支柱。

一个崭新的世界逐渐拉开了帷幕。这不是对现有技术的翻新，而是自下而上的彻底重建。金融变得触手可及。无论是谁，优秀的创意都能得到资助。一笔10美元的交易与一笔1亿美元的交易在DeFi中被一视同仁。没有中间商，储蓄利率得以提高，借贷成本得以降低。最终，我们会看到DeFi是未来10年的最大机会，期待重塑金融世界。

术语表

地址（Address） 用于接收交易的标识符。地址源于用户公钥，通过非对称密钥加密算法，用私钥计算得到公钥。在以太坊中，公钥是 512 比特，或 128 个十六进制字符，并通过 Keccak-256 算法进行散列唯一化计算，将其转化为 256 比特或 64 个十六进制字符。最后的 40 个十六进制字符是公共地址，通常带有前缀"0x"。

空投（Airdrop） 将代币免费发放到钱包中。例如，Uniswap 治理层向每个使用过其平台的以太坊地址空投了 400 个代币。

反洗钱（Anti-Money Laundering，简写为 AML） 旨在检测和报告非法隐瞒资金来源的可疑活动的合规条例。

非对称密钥加密算法（Asymmetric key cryptography） 这是确保通信安全的一种手段。加密货币有两个密钥：公钥（所有人都能看到）和私钥（只有主人能看到）。这两个密钥在数学上存在联系，使用私钥推导公钥。以目前的技术，从公钥推导私钥是不可行的，因此是"非对称"算法。用户用公开地址可以收到转账，使用私钥进行消费。另可见对称密钥加密算法。

不可分割性（Atomic） 如果合同中的任何条件没有得到满足，导致合同条款回撤，仿佛代币从未离开账户。这是智能合约的重要特征之一。

自动做市商（Automated Market Maker，简写为 AMM） 持有交易对双方资产的智能合约，不断地报出买入和卖出价格。根据已执行的买入和卖出订单，合约更新出价和要价背后的资产规模，并使用这一比例来定义定价函数。

以物易物（Barter） 一种点对点的交易机制，需要两方完全匹配。例如，A 有两头猪，需要一头牛。B 有一头牛，需要两头猪。关于以物易物是不是第一种交易方法，存在一些争论。例如，人类学家戴维·格雷伯（David Graeber）认为，最早的贸易形式是以借贷形式进行的。生活在同一个村子里的人互相赠送"礼物"，根据村规，这些礼物在将来必须用另一种通常价值更高的礼物（利息）归还。因为同一个村庄交易次数不多，人们只是凭记忆记录交易情况。许多年后，随着移民和战争的兴起，金属货币开始发挥作用，战争税是最早出现的赋税之一。

区块链（Blockchain） 1991 年由斯图尔特·哈珀和斯科特·斯托

内塔发明的去中心化账本，其中每个节点都有一个副本。可以通过共识机制记账，不可修改历史账本。区块链对所有人公开透明。

联合曲线（Bonding curve） 可以让用户使用固定的数学模型，购买或出售代币的智能合约。例如，对于线性函数，其中代币价格等于供应量。在这种情况下，第一个代币将花费 1ETH，第二个代币将花费 2ETH，这做可以奖励前期参与者。买入和卖出可能有不同的联合曲线。对数曲线是常见的联合曲线函数。

封存资金（Bricked funds） 由于智能合约的错误，而困在智能合约中的资金。

销毁（Burn） 将代币从流通中移除，从而减少代币的供应。销毁方法包括将代币发送到无主的以太坊地址，或发送到一个无消费能力的合约。它是许多智能合约的重要功能之一，当有人退出资金池并赎回底层资产时发生销毁。

抵押货币（Collateralized currency） 由黄金、白银或其他资产等抵押品支撑的纸质货币。

抵押债务义务（Collateralized debt obligation） 传统金融中的一种债务工具，比如抵押贷款。在 DeFi 中，一个例子是用加密资产过度抵押的稳定币。

共识协议（Consensus protocol） 各方同意在现有区块链上添加新区块的机制。以太坊和比特币都使用工作量证明共识机制，还有许多其他机制，比如权益证明共识机制。

合约账户（Contract account） 以太坊中由智能合约控制的账户。

信用委托（Credit delegation） 用户可以将抵押品分配给潜在借款人的功能，他们可以使用抵押品来借入所需的资产。

加密货币（Cryptocurrency） 使用区块链技术进行加密和交易的数字代币。典型代表是比特币和以太坊。目前存在许多不同类型的加密货币，比如稳定币和代表数字和非数字资产的代币。

加密哈希运算（Cryptographic hash） 也称哈希运算或信息摘要，唯一表示输入数据的单向函数。可将其当作唯一的数字指纹。输入大小任意，但输出的大小固定。一个流行的散列算法是 SHA-256，它返回 256 比特或 64 位十六进制字符。比特币区块链使用 SHA-256。以太坊区块链使用 Keccak-256。

去中心化应用程序（dApp） 支持点对点直接交互（即去除中央结算）。具有无须许可和抵抗审查的特点，所有人都可以使用 dApp，没有中心化机构控制 dApp。

去中心化自治组织（Decentralized Autonomous Organization，简写为 DAO） 由智能合约编码规则的算法组织，编码决定用户行为或升级。通常包含治理代币。

去中心化交易所（Decentralized Exchange，简写为 DEX） 以非托管方式进行代币交换的平台。DEX 流动性的两种机制是订单匹配和自动做市商。

分布式金融（Decentralized Finance，简写为 DeFi） 不依赖银行等中心化机构的金融基础设施。使用区块链技术和智能合约，在点对点的基础上进行交换、借贷和交易。

DeFi 乐高积木（DeFi legos） 使用现有协议组合为新协议。有时称为 DeFi 货币乐高积木或互操作性。

摘要（Digest） 也称信息摘要。详见加密哈希运算。

直接激励（Direct incentive） 与特定用户行为相关的支付或费用，旨在作为倡导行为的奖励。例如，假设抵押债务义务变得抵押不足，这种情况不会自动触发清算，而是由外部账户触发，然后给予其奖励（直接激励）。

双花（Double spend） 也称双重支付，在 20 世纪八九十年代困扰数字货币计划的问题，即数字资产可以被完美复制，所以可以多次消费。2008 年，中本聪的《比特币白皮书》利用区块链技术和工作量证明共识机制，解决了这个问题。

权益代币（Equity token） 表示对底层资产或资产池拥有所有权的加密货币。

ERC-20 源自以太坊征求意见（Ethereum Request for Comments，简写为 ERC），用于定义同质化代币的接口，这些代币在使用和功能上相同。美元是同质化货币，所有 20 美元的钞票在价值上是相同的，20 张 1 美元的钞票与 1 张 20 美元的钞票价值相等。

ERC-721 源自以太坊征求意见，用于定义非同质化代币的接口，这些代币是独一无二的，通常用于收藏品或特定资产，比如贷款。

ERC-1155 源自以太坊征求意见，用于定义多代币模型，合约可以持有多种代币，可以是同质化代币，也可以是非同质化代币。

以太坊（Ethereum，简写为 ETH） 诞生自 2015 年，目前市值第二大的加密货币或区块链。其原生加密货币被称为以太币（Ether，简写为 ETH）。以太坊区块链具有运行智能合约程序的功能。它是一个分布式计算平台，有时被称为以太坊虚拟机。

以太坊2.0（Ethereum 2.0） 对以太坊区块链的改进提案，使用了水平扩容、权益证明共识机制和其他改进。

外部账户（Externally Owned Account，简写为EOA） 由特定用户控制的以太坊账户。

法定货币（Fiat currency） 无抵押的纸币，本质上是政府发行的借据。

金融科技（FinTech） 泛指金融领域的科技进步。广义上包括支付、交易、借款和贷款领域的技术，通常还包括大数据和机器学习。

闪电贷款（Flash loan） 一种零交易对手风险和零期限的无抵押贷款。用于套利，或在无抵押情况下的贷款再融资。之所以没有交易对手风险，是因为在交易中，贷款已创建，贷款资金的所有买卖已完成，贷款已偿还。

闪电互换（Flash swap） 用户购买资产之前，合约为用户发送代币。支持近乎瞬时的套利活动。与必须用相同资产偿还的闪电贷款不同，闪电互换可以灵活地用不同的资产进行偿还。所有交易都发生在同一个以太坊交易中。

分叉（Fork） 基于代码开源，对已有协议进行升级或增强，同时保留历史区块链。用户可以选择使用旧协议或新协议。如果新协议更好，并吸引了足够的挖矿算力，新协议就会获胜。分叉是保证 DeFi 高效的关键机制之一。

交易费（Gas） 执行交易和执行智能合约所需的费用。以太坊用于处理停机问题。

地理封锁（Geoblock） 阻止特定国家用户的技术，受法规约束，不允许特定国家用户使用应用。

治理代币（Governance token） 持有者对协议修订进行投票的权利。案例包括 MakerDAO 的 MKR 币和 Compound 的 COMP 代币。

停机问题（Halting problem） 处于无限循环的计算机程序。以太坊通过征收交易费解决了这个问题。如果交易费耗尽，程序就会停止。

哈希（Hash） 见加密哈希运算。

十六进制（Hexadecimal） 以 16 为基数的计数方法，包括前 10 个数字 0 到 9，和字母表的前 6 个字母 a 到 f。每个十六进制字符代表 4 位，其中 0 是 0000，f 是 1111。

水平扩容（Horizontal scaling） 也称分片，将系统任务分成子任务的方法，保留去中心化，通过并行计算提升系统的吞吐量。以太坊 2.0 使用了水平扩容和权益证明。

非固定损失（Impermanent loss） 适用于持有交易对两边资产的 AMM。假设自动做市商在为两种资产规定了固定的兑换比率，并且两种资产的市场价格都上涨。第一种资产的升值幅度大于第二种资产。用户全部交易了第一种资产，合约中只剩下第二种资产。非固定损失是如果没有发生交易（包含两种代币的价值）的合约价值，减去耗尽一种资产后的合约价值（只剩下第二种代币的价值）。

激励（Incentive） 用于奖励生产性行为，包括直接激励和抵押激励。

初始 DeFi 发行（Initial DeFi Offering，简写为 IDO） 为新代币设定初始汇率的方法。用户可以成为交易对的第一个流动性提供者，比如新代币和稳定币，如 USDC。本质上，用户为新代币的价格建立了一个人工下限。

恒定系数（Invariant） 乘积法则中的常数系数。例如，恒定系数 =

术语表　　155

$S_A \times S_B$，其中 S_A 是资产 A 的供应，S_B 是资产 B 的供应。假设即时汇率是 $1A:1B$。资产 A 的供给 $A=4$，资产 B 的供给 $B=4$。恒定系数 $=16$。假设投资者想用 A 交易 B。投资者存入 $4A$，这样合约就有 $8A$（$S_A=4+4=8$）。根据恒定系数，投资者只能提取 $2B$。因此，B 的新供给量是 2（$S_B=4-2=2$）。恒定系数没有变化，仍然等于 16。但是汇率发生了变化，现在是 $2A:1B$。

守护者（Keeper） 特定的外部账户，为了获得奖励，执行 dApp 中 DeFi 协议的特定行动。守护者获得奖励的形式，包括固定费用或激励的一定比例。例如，当抵押债务不足时，守护者清算抵押债务后会收到奖励费用。

了解你的客户（Know Your Customer，简写为 KYC） 美国金融服务监管中常见的一项规定，要求用户必须表明身份。这一规定导致美国用户无法使用某些 DEX 的功能。

第二层（Layer-2） 建立在底层区块链（即第一层）之上的扩容解决方案，使用密码学和经济担保来维持安全水平。例如，小规模交易可以使用多签名支付通道。只有资金进入和撤出支付通道时，才使用区块链。

流动性提供者（Liquidity Provider，简写为 LP） 通过将资产存入资金池或智能合约来赚取收益的用户。

主网（Mainnet） 代币底层运行的区块链，如比特币区块链或以太坊区块链。通常用于与测试网对比。

矿工（Miner） 矿工使用唯一随机数，通过海量计算在工作量证明区块链中找到目标加密哈希值。矿工收集和验证新区块的候选交易，添加唯一随机数，并执行加密哈希函数。如果添加的唯一随机数不正确，则继续进行哈希运算。如果矿工找到了正确结果，则在挖矿比赛中获胜，将会收到直接奖励，即新铸造的加密货币。矿工也能获得间接奖励，即打包区块交易的交易费。

矿工可提取价值（Miner extractable value） 也称最大可提取价值，矿工可获得的利润之一。例如，如果矿工认定某个待执行交易能提升加密货币的价格（即看多），则可以抢先交易。

铸币（Mint） 增加代币供应的行为，与销毁相反。通常发生在用户进入资金池并获得所有权份额时。铸币和销毁是无抵押型稳定币模型的重要机制。当稳定币价格上涨时，会有更多人铸币，从而增加供应，降低价格。铸币也是奖励用户特定行为的手段之一。

网络化流动性（Networked liquidity） 交易所可以利用同一区块链上其他交易所的流动性和利率。

节点（Node） 网络上拥有区块链完整副本的计算机。

唯一随机数（Nonce） 矿工在试图寻找加密哈希值时，不断循环使用的计数机制。Nonce 源自"Number only once"（只使用一次）。

乐观汇总（Optimistic rollup） 一种扩容解决方案，交易在链外汇总成一份摘要，定期提交给区块链。

预言机（Oracle） 在区块链外收集信息的方法。参与方必须认可信息的来源。

订单匹配（Order book matching） 所有各方就交换汇率达成一致的过程。做市商可以向 DEX 发布出价和要价，并允许承接者以事先约定的价格完成报价。在报价被接受之前，做市商有权撤回报价或更新汇率。

永续期货合约（Perpetual futures contract） 类似于传统的期货合约，但没有到期日。

权益证明（Proof of Stake，简写为 PoS） 一种共识机制，也是以太坊 2.0 的核心特征，通过对下一个区块进行资产押注，取代了工作量证明挖矿。在工作量证明中，矿工需要花费大量电力和设备损耗来赢得区块。在权益证明中，验证者投入资本（股权）来证明区块的有效性。验证者通过抵押加密货币成为候选者，然后随机选择一位候选者来提议一个区块。所提议的区块需要得到其他大多数验证者的证实。验证者的获利方式，是通过提议区块和证实其他人提出的区块的有效性。如果验证者有恶意行为，将受到惩罚机制的处罚，抵押资金会被削减。

工作量证明（Proof of Work，简写为 PoW） 最初是由亚当·巴克在 2002 年提出，比特币区块链和以太坊区块链采用了工作量证明共识机制。矿工竞争寻找加密哈希值，这个哈希值很难找到，但很容易验证。矿工找到加密哈希值后，使用它向区块链添加区块，就会得到奖励。哈希运算算力极高，想要改写领先区块链的历史是不切实际的。

路由合约（Router contract） 在 DEX 中，如果在 Uniswap 等交易所没有直接的交易对，用于寻找最有效路径以获得最低价格偏移的合约。

扩容风险（Scaling risk） 目前，大多数区块链处理能力有限，无法应对大量交易。详见垂直扩容和水平扩容。

谢林点预言机（Schelling-point oracle） 依靠恒定供应量代币所有者，对事件结果进行投票或报告资产价格的预言机。

分片（Sharding） 在区块链中，水平切分数据库的过程，也称水平扩容。将系统任务分成子任务，保留了去中心化的特性，通过并行计算提升系统吞吐量。为了降低网络拥堵，提高交易速度，以太坊 2.0 采取了这种方法。

削减（Slashing） 权益证明区块链中的一种机制，用于阻止某些用户的不当行为。

削减条件（Slashing condition） 触发执行削减的机制。削减条件的一个示例是，抵押不足时触发清算。

智能合约（Smart contract） 当收到 ETH 或交易费时，被激活的合约。鉴于以太坊区块链的分布式特性，每个节点都运行着智能合约。这是以太坊区块链的重要特点之一，智能合约平台是构成 DeFi 必不可少的一环。

硬币（Specie） 金属货币，比如黄金或白银（或镍和铜），其本身具有价值（熔化后作为金属出售）。

稳定币（Stablecoin） 一种与美元等资产价值挂钩的代币。稳定币可以用实物资产（如 USDC 中的美元）或数字资产（如 DAI）进行抵押，也可以是无抵押的（如 AMPL 和 ESD）。

抵押激励（Staked incentive） 托管在智能合约中的代币资产，其目的是影响用户行为。抵押激励旨在鼓励积极的行为，根据抵押品规模给予用户奖励。抵押惩罚（削减）的目的，是依据抵押品规模，扣除用户的部分代币资产，来遏制不正当行为。

抵押（Staking） 用户托管在智能合约中的资金，如果用户有不当行为，将受到惩罚（削减资金）。

互换（Swap） 用一种代币交换另一种代币。在 DeFi 中，互换具有不可分割性，并且是非托管的。资金可以暂时被保管在智能合约中，在交换完成前的任何时候都可以提取。如果互换没有完成，则各方保留托管资金。

对称密钥加密算法（Symmetric key cryptography） 一种加密方法，对信息使用相同的密钥进行加密和解密。

测试网（Testnet） 与主网功能相同的区块链，用于测试软件。例如，在测试以太坊时，与测试网有关的代币被称为测试 ETH，可以从铸造测试 ETH 的智能合约中免费获得。

透明度（Transparency） 任何人都可以查看发送到智能合约的代码和所有交易。etherscan.io 是一个常用的区块链浏览器。

功能代币（Utility token） 为了使用智能合约的某些功能，所需的同质化代币。或者是由智能合约定义了用途，比如稳定币，无论是抵押类型，还是算法类型，都是功能代币。

吸血行为（Vampirism） 复制 DeFi 平台，旨在通过向用户提供直接奖励，从现有的平台中获取流动性。

资金库（Vault） 托管抵押品，并跟踪抵押品价值的智能合约。

垂直扩容（Vertical scaling） 将所有交易处理集中到一台超级计算机上，这减少了与工作量证明区块链（如以太坊）相关的通信开销（交易和区块延迟），但会导致中心化架构的出现。

收益耕作（Yield farming） 奖励用户向合约抵押资产或使用特定协议的手段。

注释

第一章　绪论

1. 参见 Alan White, "David Graber's Debt: The First 5000 Years," *Credit Slips*, June 24, 2020, https://www.creditslips.org/creditslips/2020/06/david-graebers-debtthe-first-5000-years.html。

2. Dean Corbae and Pablo D'Erasmo, "Rising Bank Concentration," Staff Paper#594, Federal Reserve Bank of Minneapolis, March 2020, https://doi.org/10.21034/sr.594.

3. *Plaid*, http://plaid.com.

4. R. Chetty, N. Hendren, P. Kline, and E. Saez, "Where Is the Land of Opportunity? The Geography of Intergenerational Mobility in the United States," *Quarterly Journal of Economics* 129, no. 4 (2014): 1553-1623; Amber Narayan et al., *Fair Progress?: Economic Mobility Across Generations Around the World, Equity and Development*, Washington, DC: World Bank, 2018.

第二章　DeFi 的起源

1. Alan White, "David Graeber's Debt: The First 5000 Years," *Credit*

Slips: A Discussion on Credit, Finance, and Bankruptcy, June 18, 2020, https://www.creditslips.org/creditslips/2020/06/david-graebers-debt-the-first-5000-years.html.

2. 同上。同时参见 *Euromoney*. 2001. "Forex Goes into Future Shock." (October), https://faculty.fuqua.duke.edu/~charvey/Media/2001/EuromoneyOct01.pdf。

3. 贝宝成立于 1998 年，原名为 Confinity，直到 2000 年与 X.com 合并后才开始提供支付功能。

4. 其他案例包括 Cash App、Braintree、Venmo 和 Robinhood。

5. C. R. Harvey, "The History of Digital Money," 2020, https://faculty.fuqua.duke.edu/~charvey/Teaching/697_2020/Public_Presentations_697/History_of_Digital_Money_2020_697.pdf.

6. Satoshi Nakamoto, "Bitcoin: A Peer-to-Peer Electronic Cash System," 2008, https://bitcoin.org/bitcoin.pdf.

7. Stuart Haber and W. Scott Stornetta, "How to Time Stamp a Digital Document," *Journal of Cryptology*, 3, no. 2(1991), https://dl.acm.org/doi/10.1007/BF00196791.

8. Adam Back, "Hashcash-A Denial of Service Counter Measure," August 1, 2002, http://www.hashcash.org/papers/hashcash.pdf.

9. Paul Jones and Lorenzo Giorgianni, "Market Outlook: Macro Perspective," *Jameson Lopp*, n.d., https://www.lopp.net/pdf/BVI-Macro-Outlook.pdf.

10. C. Erb and C. R. Harvey, "The Golden Dilemma," *Financial Analysts*

Journal, 69, no. 4(2013): 10-42, shows that gold is an unreliable inflation hedge over short-and medium-term horizons.

11. Similar to gold, Bitcoin is likely too volatile to be a reliable inflation hedge over short horizons. While theoretically decoupled from any country's money supply or economy, in the brief history of Bitcoin we have not experienced any inflation surge. Therefore, there is no empirical evidence of its efficacy.

第三章 DeFi 的基石

1. 引自计算机历史博物馆的一场座谈会，见 NewsBTC 2014 年的报道，"谷歌主席埃里克·施密特：比特币架构是令人赞叹的进展"。https://www.newsbtc.com/news/google-chairman-eric-schmidt-bitcoin-architecture-amazing-advancement/.

2. 同质化代币具有相同的价值，正如纸币具有相同的价值，一张 10 美元的纸币等同于两张 5 美元的纸币。与此相反，非同质化代币的价值与关联物有关(例如，某非同质化代币可能与画作关联)，它们的价值不一定相同。

3. Steve Ellis, Ari Juels, and Sergey Nazarov, "ChainLink: A Decentralized Oracle Network," September 4, 2017, https://research.chain.link/whitepaper-v1.pdf?_ga=2.202512913.1239424617.1619728722-1563851301.1619728722.

4. Lorenz Breidenbach et al., "Chainlink 2.0: Next Steps in the Evolution of Decentralized Oracle Networks," April 15, 2021, https://re-

search. chain. link/whitepaper-v2. pdf.

5. Tether, *Tether Operations*, 2021, https://tether. to.

6. 2021 年 3 月 30 日，泰达币官方公开了摩尔开曼于 2021 年 2 月 28 日进行的审查（第三方验资）报告。这是一次性资产分析，不是常规审计。

7. "USDC: The World's Leading Digital Dollar Stablecoin," *Circle Internet Financial Limited*, 2021, https://www. circle. com/en/usdc.

8. 从中心化监管的角度，列入黑名单是可行的手段，而非风险。

9. *MakerDAO*, https://makerdao. com.

10. *Synthetix*, https://www. synthetix. io/.

11. Nader Al-Naji, "Dear Basis Community," *Basis*, December 13, 2018, https://www. basis. io/.

12. *Ampleforth*, https://www. ampleforth. org/.

13. *Empty set dollar*, https://www. emptyset. finance/.

14. 参见 *Financial Stability Board*, "Regulation, Supervisi on and Oversight of "Global Stablecoin" Arrangements," October 13, 2020, https://www. fsb. org/wp-content/uploads/P131020-3. pdf。

第四章 DeFi 的基本功能

1. 从技术上讲，发到 EOA 的交易也可以发送数据，但这些数据不具有以太坊特定的功能。

2. Fabian Fobelsteller and Vitalik Buterin, "EIP-20: ERC-20 Token Standard," *Ethereum Improvement Proposals*, no. 20, November 2015

[Online serial], https://eips.ethereum.org/EIPS/eip-20.

3. William Entriken et al., "EIP-721: ERC-721 Non Fungible Token Standard," *Ethereum Improvement Proposals*, no. 721, January 2018 [Online serial], https://eips.ethereum.org/EIPS/eip-721.

4. Witek Radomski et al., "EIP-1155: ERC-1155 Multi Token Standard," *Ethereum Improvement Proposals*, no. 1155, June 2018 [Online serial], https://eips.ethereum.org/EIPS/eip-1155.

5. 通常，校验是用于验证数据完整性的密码学方法。对于以太坊地址，EIP-55 提出了一个特定的校验方法，用于检查以太坊地址的编码，防止向错误地址转账。如果接收地址没有正确的校验元数据，合约就判断为输入了错误的地址，交易就会失败。通常情况下，代码编译器和以太坊客户端软件在部署智能合约代码之前添加校验环节。参见 Vitalik Buterin and Alex Van de Sande, "EIP-55: Mixed case checksum address encoding," *Ethereum Improvement Proposals*, no. 55, January 2016 [Online serial], https://eips.ethereum.org/EIPS/eip-55。

6. 注册合约和接口能让链上智能合约判定与之互动的另一个合约是否实现了预定的接口。例如，如果无法处理所有 ERC-20 代币，合约可以将自身注册为仅能处理特定的 ERC-20 代币。作为清算转账的前提条件，发送合约可以验证接收方确实支持 ERC-20 代币。EIP-165 提出了标准解决方案，其中每个合约都声明实现了哪些接口。参见 Christian Reitwießner et al., "EIP-165: ERC-165 Standard Interface Detection," *Ethereum Improvement Proposals*,

no. 165, January 2018 [Online serial], https://eips.ethereum.org/EIPS/eip-165。

第六章 深入理解 DeFi

1. 有许多可用的 DeFi 资源，例如，参见 https://defipuls-e.com/defi-list/ and https://github.com/ong/awesome-decentralized-finance。这里没有涉及所有应用。例如，保险是 DeFi 中高速成长的领域，带来了对传统保险业的变革。

2. Stellar, *Stellar Development Foundation*, 2021, https://www.stellar.org/; EOS, Block.one, 2021, https://eos.io/.

3. *Polkadot*, Web3 Foundation, 2021, https://polkadot.network/.

4. *MakerDAO*, https://makerdao.com.

5. 可以在智能合约中抵押 ETH，提取 DAI。投资者可以用 DAI 购买更多的 ETH，然后重复这个过程，就可以创建 ETH 杠杆头寸。

6. 抵押担保决定了能出售的 ETH 数额。不需要的抵押品仍留在合约中，供资金库持有者提取。

7. Compound 采取多数用户规则，其中每人至少持有 40 万 COMP（占最终总供应量的 4%）。

8. "Distribute COMP to Users," *Compound Labs, Inc.*, June 15, 2020, https://compound.finance/governance/proposals/7.

9. *PoolTogether*, https://pooltogether.com/.

10. 在大多数彩票中，30%~50% 的销售额用于管理费用和政府或慈善用途。因此，在彩票中投资 1 美元，其预期价值为 0.50 ~

0.70 美元。对于无损彩票，不收取管理费用，所以预期价值为 1 美元。

11. *Aave*, 2021, https://aave.com/.

12. *Uniswap*, https://app.uniswap.org/#/swap.

13. 流动性提供者投资了市场双方，从而增加了市场的总流动性。如果用户用一种资产交换另一种资产，市场总流动性不变。

14. *Curve*, https://curve.fi/.

15. ETH 虽然是同质化代币，但不符合 ERC-20。包括 Uniswap 在内的许多平台使用 WETH，这是一种符合 ERC-20 的 ETH 变体。Uniswap 允许用户直接使用 ETH 进行交易，在后台转换为 WETH。参见 "WTF Is WETH?" Radar Relay, Inc., 2021, https://weth.io/。

16. https://github.com/bogatyy/bancor

17. https://explore.flashbots.net/

18. 这是一个智能合约级别的检查。换句话说，在最终完成交易前，合约会检查从最初发布的价格到有效执行价格的总偏移量（如果插入其他交易，比如超前交易，价格可能发生改变）。如果偏移水平超出了预定的用户容忍度，则交易被取消，合约执行失败。

19. Andrey Shevchenko, "A New DeFi Exchange Says It Has Solved an Industry-Wide Problem," *Cointelegraph*, August 11, 2020, https://cointelegraph.com/news/a-new-defi-exchange-says-it-has-solved-an-industry-wide-problem.

20. Sushiswap, https://sushi.com/.

21. *Balancer*, Balancer Labs, https://balancer.finance/.

22. Balancer 协议的联合面公式为 $V = \prod_{t=0}^{n} B_t^{W_t}$，其中 V 是价值函数（类似于 k），n 是资金池中资产的数量，B 是代币 t 在资金池中的额度，W 是代币 t 的归一化权重。参见 Fernando Martinelli, "Bonding Surfaces & Balancer Protocol," *Balancer*, October 4, 2019, https://medium.com/balancer-protocol/bonding-surfaces-balancer-protocol-ff6d3d05d577。

23. Uniswap, "Introducing Uniswap V3," *Uniswap*, March 23, 2021, https://uniswap.org/blog/uniswap-v3/.

24. Dan Robinson and Allan Niemerg. 2020. "The Yield Protocol: On-Chain Lending with Interest Rate Discovery," April [White paper], https://research.paradigm.xyz/Yield.pdf.

25. Martin Lundfall, Lucas Vogelsang, and Lev Livnev, Chai, chai.money, https://chai.money/.

26. dYdX, https://dydx.exchange/.

27. BTC-USD 永续合约使用 MakerDAO BTCUSD 预言机 v2，该预言机将 Binance、Bitfinex、Bitstamp、Bittrex、Coinbase Pro、Gemini 和 Kraken 上的汇率报告给区块链。参见 Nick Sawinyh, "What Are Perpetual Contracts for Bitcoin? dYdX Perpetual Futures Explained," *defiprime.com*, July 7, 2020, https://defiprime.com/perpetual-dydx。

28. DeFi 的每个协议只有在用户与协议互动时才能更新余额。在 Compound 的例子中，当资金进入或离开资金池，利率发生变动，其余时候利率是固定的。合约只是跟踪当前的利率和余额更新时的最后一个时间戳。当新用户借款或存款时，该交易会更新整个市场的利率。相似地，虽然 dYdX 的资金利率每秒都会更新，但它只在用户开仓、平仓或修改头寸时才更新。合约根据利率和期货头寸的时间来计算新的值。

29. 美国投资者无法使用这些产品。

30. *Synthetix*, https://www.synthetix.io/.

31. *Chainlink*, SmartContract Chainlink Ltd., 2021, https://chain.link/.

32. See Garth Travers, "All Synth Are Now Powered by Chainlink Decentralised Oracles," *Synthetix*, September 1, 2020, https://blog.synthetix.io/all-Synth-are-now-powered-by-chainlink-decentralised-oracles/.

33. 在任何 Synthetix 头寸中，交易者实际上是在赌他们的收益将超过资金池的收益。例如，如果只持有 sUSD，交易者实际上是在做空其他所有交易者的 Synthetix 投资组合，并期望美元的表现会超过其他所有资产。交易者的目标是持有资产胜过市场的其余 Synth，这是获利的唯一途径。

34. *Set Protocol*, Set, https://www.setprotocol.com.

35. wBTC, Wrapped Bitcoin, https://wbtc.network/.

36. 然而，与传统资产相比，例如标普 500 指数和黄金，比特币的绝对波动水平还是很高。

第七章 DeFi 面临的风险

1. Bloomberg, "How to Steal ＄500 Million in Cryptocurrency," *Fortune*, January 31, 2018, https://fortune.com/2018/01/31/coincheck-hack-how/.

2. Szabo, Nick. 1997. "Formalizing and Securing Relationships on Public Networks, "Satoshi Nakamoto Institute, https://nakamotoinstitute.org/formalizing-securing-relationships/.

3. *dForce*, https://dforce.network/; bZx, bZeroX, 2021, https://bzx.network/; Andre Shevchenko, "DForce Hacker Returns Stolen Money as Criticism of the Project Continues," *Cointelegraph*, April 22, 2020, https://cointelegraph.com/news/dforce-hacker-returns-stolen-money-as-criticism of-the-project-continues; Adrian Zmudzinski, "Decentralized Lending Protocol bZx Hacked Twice in a Matter of Days," *Cointelegraph*, February 18, 2020, https://cointelegraph.com/news/decentralized-lending-protocol-bzx-hacked-twice-in-a-matter-of-days; Quantstamp, 2017—2020, https://quantstamp.com/; Trail of Bits, https://www.trailofbits.com/; PeckShield, 2018, https://blog.peckshield.com/.

4. Kyle J. Kistner, "Post-Mortem: Funds Are SAFU," *bZerox*, February 17, 2020, https://bzx.network/blog/postmortem-ethdenver.

5. 以太坊区块 1428757。

6. Andrew Hayward and Robert Stevens, "Hackers Just Tapped China's dForce for ＄25 Million in Ethereum Exploit," *Decrypt*, April 19, 2020, https://decrypt.co/26033/dforce-lendfme-defi-hack-25m.

7. Michael McSweeney, "Yearn Finance Suffers Exploit, Says ＄2.8 Million Stolen by Attacker out of ＄11 Million Loss," *Block*, February 4, 2021, https://www.theblock-crypto.com/linked/93818/yearn-finance-dai-pool-defi-exploit-attack.

8. "Transaction Details," *Etherscan*, February 4, 2021, https://etherscan.io/tx/0x6dc268706818d1e6503739950abc5ba2211fc6b451e54244da7b1e226b12e027.

9. Ashwin Ramachandran and Haseeb Qureshi, "Decentralized Governance: Innovation or Imitation?" *Dragonfly Research*, August 5, 2020, https://medium.com/dragonfly-research/decentralized-governance-innovation-or-imitation-ad872f37b1ea.

10. *Automata*, https://automata.fi/.

11. True Seigniorage Dollar, "Twitter Status," March 13, 2021, https://twitter.com/trueseigniorage/status/1370956726489415683?lang=en.

12. *Augur*, PM Research LTD, 2020, https://augur.net/; UMA, Risk Labs, 2020, https://umaproject.org/.

13. *Provable*, Provable Things Limited, https://provable.xyz/; *Chainlink*, SmartContract Chainlink Ltd, 2021, https://chain.link/.

14. Ivan Bogatyy, "Implementing Ethereum Trading Front Runs on the Bancor Exchange in Python," *Hackernoon*, August 17, 2017, https://hackernoon.com/front-running bancor-in-150-lines-of-python-with-ethereum-api-d5e2bfd0d798; Kain Warwick, "Addressing Claims of Deleted Balances," *Synthetix*, September 16, 2019, https://blog.synthetix.

io/addressing-claims-of-deleted-balances/.

15. Priyeshu Garg, "Chainlink Experiences 6-Hour Delay on ETH Price Feed," *Cryptobriefing*, March 13, 2020, https://cryptobriefing.com/chainlink-experiences-6-hour-delay-eth-price-feed/; Tom Schmidt, "Daos Ex Machina: An In-Depth Timeline of Maker's Recent Crisis," *Dragonfly Research*, March 24, 2020, https://medium.com/dragonfly-research/daos-ex-machina-an-in-depth-timeline-of-makers-recent-crisis-66d2ae39dd65.

16. *Polkadot*, Web3 Foundation, 2021, https://polkadot.network/; Zilliqa Zilliqa Research Pte. Ltd., 2020, https://www.zilliqa.com/; Algorand, Algorand, 2021, https://www.algorand.com/.

17. *Solana*, Solana Foundation, https://solana.com/.

18. See https://docs.ethhub.io/ethereum-roadmap/ethereum-2.0/eth-2.0-phases/.

19. For more on this topic, see Haseeb Qureshi, "What Explains the Rise of AMMs?" *Dragonfly Research*, July 2020.

20. *Cap*, https://cap.eth.link/.

21. Jump, Jump Trading, LLC, 2021, https://www.jumptrading.com/; *Virtu*, VIRTU Financial, 2021, https://www.virtu.com/; *DRW*, DRW Holdings, LLC, 2021, https://drw.com/; Jane Street, https://www.janestreet.com/.

22. Nathaniel Popper, "Lost Passwords Lock Millionaires Out of Their Bitcoin Fortunes," *New York Times*, January 12, 2021, https://www.

nytimes. com/2021/01/12/technology/bitcoin-passwords-wallets-fortunes. html.

23. "A Complete List of Cryptocurrency Exchange Hacks, " *IDEX Blog*, last updated July 16, 2020, https://blog. idex. io/all-posts/a-complete-list-of-cryptocurrency-exchange-hacks-updated.

24. BitMEX, "Announcing the BitMEX User Verification Programme, " *BitMEX*, August 14, 2020, https://blog. bitmex. com/announcing-the-bitmex-user-verification-programme/.

25. Nader Al-Naji, "Dear Basis Community, " *Basis*, December 13, 2018, https://www. basis. io/.

26. Brady Dale, "Basis Stablecoin Confirms Shutdown, Blaming 'Regulatory Constraints,'" *Coindesk*, December 13, 2018, https://www. coindesk. com/basis-stablecoin-confirms-shutdown-blaming-regulatory-constraints.

27. https://basis. cash/.

28. "ICO Issuer Settles SEC Registration Charges, Agrees to Return Funds and Register Tokens as Securities, " *U. S. Securities and Exchange Commission*, February 19, 2020, https://www. sec. gov/news/press-release/2020-37.

29. "Virtual Currency Business Activity, " *Department of Financial Services, State of New York*, https://www. dfs. ny. gov/apps_and_licensing/virtual_currency_businesses.

30. https://www. irs. gov/pub/irs-dft/i1040gi-dft. pdf.

31. Bryan Hubbard, "Federally Chartered Banks and Thrifts May Provide Custody Services for Crypto Assets," *Office of the Comptroller of the Currency*, July 22, 2020, https://www.occ.gov/news-issuances/news-releases/2020/nr-occ-2020-98.html.

结语 谁输谁赢

1. *Dharma*, Dharma Labs, https://www.dharma.io/.

参考文献

Chetty, Raj, Nathaniel Hendren, Patrick Kline, and Emmanuel Saez. 2014. "Where Is the Land of Opportunity? The Geography of Intergenerational Mobility in the United States." *Quarterly Journal of Economics*, vol. 129, no. 4(November) : 1553-1623.

Corbae, Dean, and Pablo D'Erasmo. 2020. "Rising Bank Concentration," Staff Paper 594, Federal Reserve Bank of Minneapolis(March). Available at https://doi.org/10.21034/sr.594

Ellis, Steve, Ari Juels, and Sergey Nazarov. 2017. "Chainlink: A Decentralized Oracle Network." Working paper(September 4). Available at https://link.smartcontract.com/whitepaper

Euromoney. 2001. "Forex Goes into Future Shock." (October). Available at https://faculty.fuqua.duke.edu/~charvey/Media/2001/EuromoneyOct01.pdf

Haber, Stuart, and Scott Stornetta. 1991. "How to Time-Stamp a Digital Document." *Journal of Cryptology*(January). Available at https://dl.acm.org/doi/10.1007/BF00196791

Nakamoto, Satoshi. 2008. "Bitcoin: A Peer-to-Peer Electronic Cash

System." https://bitcoin.org

Narayan, Amber, Roy Van der Weide, Alexandru Cojocaru, Christoph Lakner, Silvia Redaelli, Daniel Mahler, Rakesh Ramasubbaiah, and Stefan Thewissen. 2018. *Fair Progress?Economic Mobility across Generations around the World*, Equity and Development Series. Washington, DC: World Bank.

Qureshi, Haseeb. 2020. "What Explains the Rise of AMMs?" *Dragonfly Research*(July 22).

Ramachandran, Ashwin, and Haseeb Qureshi. 2020. "Decentralized Governance: Innovation or Imitation?" Dragonfly Research.com(August 5). Available at https://medium.com/dragonfly-research/decentralized-governance-innovation-or imitation-ad872f37b1ea

Robinson, Dan, and Allan Niemerg. 2020. "The Yield Protocol: On-Chain Lending with Interest Rate Discovery." White paper(April). Available at https://research.paradigm.xyz/Yield.pdf

Shevchenko, Andrey. 2020. "Dforce Hacker Returns Stolen Money as Criticism of the Project Continues."(April 22). Available at https://cointelegraph.com

Szabo, Nick. 1997. "Formalizing and Securing Relationships on Public Networks." Satoshi Nakamoto Institute. Available at https://nakamotoinstitute.org/formalizing-securing-relationships/

Zmudzinski, Adrian. 2020. "Decentralized Lending Protocol bZx Hacked Twice in a Matter of Days."(February 18). Available at https://cointelegraph.com

致谢

我们感谢 Dan Robinson、Stani Kulechov、John Mattox、Andreas Park、Chen Feng、Can Gurel、Jeffrey Hoopes、Brian Bernert、Marc Toledo、Marcel Smeets、Ron Nicol、Daniel Liebau Giancarlo Bertocco、Josh Chen 的意见。Lawrence Diao、Deepanshu、Louis Gagnon、Herve Tourpe、Vishal Kumar、Julian Villella、Luyao Zhang、Yulin Liu、Matthew Rosendin、Paul Schlachter、Ed Kerollis、Sunshine Zhang、Yash Patil、Manmit Singh 贡献了素材。Lucy Pless 制作了图表,Kay Jaitly 提供了编辑协助。